D1641900

Aus dem Programm Huber: Psychologie Klinische Praxis

Wissenschaftlicher Beirat:
Prof. Dr. Dieter Frey, München
Prof. Dr. Kurt Pawlik, Hamburg
Prof. Dr. Meinrad Perrez, Freiburg (Schweiz)
Prof. Dr. Hans Spada, Freiburg i. Br.

Susanne Wilcken
Michael Rochow

Rückfallprävention bei Alkoholismus

Fähigkeiten im Focus: Ein Manual

Verlag Hans Huber
Bern · Göttingen · Toronto · Seattle

Adressen der Autoren:

Dipl.-Psych. Susanne Wilcken
Psychotherapie, Beratung & Training
Am Sunder 17
D-21224 Rosengarten

Dipl.-Psych. Michael Rochow
Lottestraße 7
Psychotherapie, Beratung & Training
D-22529 Hamburg

Die Deutsche Bibliothek – CIP–Einheitsaufnahme

Wilcken, Susanne:
Rückfallprävention bei Alkoholismus : Fähigkeiten
im Focus: Ein Manual / Susanne Wilcken ; Michael Rochow. - 1. Aufl. - Bern ;
Göttingen ; Toronto ; Seattle : Huber, 2000
    (Aus dem Programm Huber: Psychologie Klinische Praxis)
    ISBN 3-456-83242-7

1. Auflage 2000
© 2000 Verlag Hans Huber, Bern
Druck: Druckhaus Beltz, Hemsbach
Printed in Germany

Inhaltsverzeichnis

Fähigkeiten im Focus

Teil I: Grundlagen

Teil II: RPT-Manual

Wer kein Ziel hat,
sollte sich nicht wundern,
wenn er woanders ankommt.

– Mark Twain –

Vorwort

In meiner Tätigkeit als Direktor der Klinik für Psychiatrie der Medizinischen Universität zu Lübeck habe ich besonderes Gewicht auf die Behandlung Alkoholabhängiger gelegt, was Ende der 70er Jahre im Universitätsklinikum eher die Ausnahme war. Es waren neue Therapiekonzepte und Hilfsangebote zu integrieren oder ihre Entwicklungen anzuregen. Ein wichtiger Schritt war die Einführung der Motivationstherapie, ein zweistufiger Ansatz moderner Entwöhnungsbehandlung. Dieses Projekt war von Anfang an Kooperation zwischen den örtlichen Krankenkassen und der Universitätsklinik und hatte bundesweit Modellcharakter.

Die Grundlagenforschung von Marlatt & Gordon (1985) hat die Bedeutung präventiver Maßnahmen in der Behandlung Alkoholabhängiger auch international publik gemacht. Bis dahin waren Therapieansätze eher defizitorientiert und haben vorbeugenden Möglichkeiten der Abstinenzsicherung nur wenig Beachtung geschenkt. Im Sommer 1995 entstanden in unserer Klinik Überlegungen, die Rückfallprävention viel stärker als bislang zu berücksichtigen. Die Autoren dieses Manuals, Frau Dipl.-Psychologin Susanne Wilcken und Herr Dipl.-Psychologe Michael Rochow, wurden mit der Aufgabe betraut, ein Rückfallpräventions-Training (RPT) als befristetes Pilotprojekt zu konzipieren, durchzuführen und zu evaluieren. Die Ergebnisse, die Erfahrungen und die Resonanz der Patienten waren überaus ermutigend und haben uns bestärkt, dieses Konzept langfristig in die Motivationstherapie zu integrieren. Das RPT wird auch gegenwärtig noch von den Autoren an der Klinik durchgeführt und hat sich zu einer exponierten therapeutischen Intervention entwickelt.

Die Vorstellung des RPT-Konzeptes auf Kongressen und Fachtagungen machte deutlich, daß das Interesse vieler Fachkollegen an einem gut strukturierten und praxisnahen Trainingsmanual sehr hoch ist.

Die beiden Autoren, die ich in unserer langjährigen Zusammenarbeit schätzen gelernt habe, haben dieses Buch mit großem Engagement verfaßt. Damit wird eine Lücke geschlossen, die es bisher in Bezug auf Veröffentlichungen zu diesem Thema im deutschsprachigen Raum gab. Der Arbeitshaltung entsprechend, die ich bei den Autoren kennengelernt habe, bringt das Manual in erfrischender und anschaulicher Weise Rückfallprävention praxisnah auf den Punkt. Professionelle Helfer und Therapeuten können sich hier nutzbringend inspirieren lassen, um mehr Farbe und Flexibilität in ihren Arbeitsalltag zu bringen.

Ich wünsche diesem Manual, über dessen Erscheinen im Huber Verlag ich mich sehr freue, seine verdiente Aufnahme und eine weite Verbreitung bei den Fachkollegen.

Lübeck, im August 1999   Prof. Dr. Horst Dilling

Einleitung

Wage dein Leben und verlasse dein Haus!
(Afrikanisches Sprichwort)

Der Rückfall - für die Einen eine Katastrophe, für die Anderen eher Normalität. Auf jeden Fall das gravierendste Ereignis nach jeder Alkoholismustherapie. Statistiken belegen deutlich, daß innerhalb von vier Jahren über 50% aller stationär entwöhnungsbehandelten Patienten rückfällig werden. Aber nicht nur statistisch gesehen gibt es eine zwingende Notwendigkeit zur Focussierung auf das wichtige Thema der Rückfallprävention. Auch die Praxis macht es allen Professionellen deutlich.
Deshalb haben wir uns 1995 dafür entschieden, ein Rückfall-präventions-Training (RPT) für Alkoholabhängige zu entwickeln. In der Universitätsklinik Lübeck wurden seitdem eindrucksvolle Erfahrungen gesammelt, die diese Entscheidung nachhaltig bestätigen.

In unserer Evaluationsstudie (1997) haben sich signifikant verbesserte Rückfallquoten zu einer Vergleichsstudie ohne RPT von Veltrup (1996) gezeigt. Beide Studien wurden mit Patienten der Motivations-therapie durchgeführt. Patienten die an der Motivationstherapie und dem RPT teilgenommen hatten, wiesen nach einem Katamnese-zeitraum von drei Monaten eine Rezidivquote von 31,9 % auf. In der Vergleichsgruppe ohne RPT wurden 50,3 % der Patienten rückfällig.

Die Idee dieses Buch zu schreiben, wurde durch die anhaltend positive Resonanz der Patienten und das starke Interesse der Fachkollegen forciert. Deshalb möchten wir unser Wissen nun in ganz prag-matischer Form allen Interessierten zugänglich machen.
Kernpunkte des RPT sind die Analyse von Risikosituationen und Rückfällen sowie der Aufbau neuer Glaubenssätze und positiver

Bewältigungsstrategien (Coping). Das übergeordnete Ziel ist, das Vertrauen in persönliche Stärken und Fähigkeiten zu (re-)aktivieren. Unsere therapeutische Haltung ist konstruktiv-lösungsorientiert. Wir arbeiten auf der Grundlage neuer Modelle der Wahrnehmungs- und Informationsverarbeitung des menschlichen Bewußtseins (NLP, Hypnose, systemische Therapie).

Die unterschiedlichen Interventionen des RPT sind einprägsam, klar und nachvollziehbar beschrieben. Sie sind flexibel in ambulante und stationäre Settings integrierbar. Das RPT ist im Arbeitsfeld Alkoholismus entstanden, kann jedoch auch mühelos zur Rückfall-prävention anderer Abhängigkeiten eingesetzt werden.

Dieses Buch konnte nur entstehen, weil wir von vielen Menschen unterstützt worden sind. Ihnen allen gebührt unser Dank.

Grundlage aller Bemühungen war das Vertrauen und die Offenheit der Patienten der Motivationstherapie. Ein emotional berührender Lernprozeß war damit für beide Seiten möglich.

Besonders erwähnen möchten wir an dieser Stelle natürlich Prof. Dr. Horst Dilling (Universitätsklinik Lübeck), der das Projekt wohlwollend begleitet hat. Dr. Clemens Veltrup (Suchtklinik Holstein) und PD. Dr. Martin Driessen (Bielefeld) haben uns fachlich und kollegial mit Rat und Tat zur Seite gestanden. Dr. Jochen Zienert (Hamburg) war ein wichtiger Mentor in der wissenschaftlichen Arbeit. Das Pflegeteam in Haus IV (Universitätsklinik Lübeck) hat uns durch gute Kooperation vieles erleichtert.

In den letzten Monaten war unsere Freizeit auf ein Minimum reduziert. Das ging vor allem zu Lasten der Familien und Freunde. Ein ganz besonders herzlicher Dank gilt deshalb meinem Mann André und meiner Tochter Sinah Carolin. In gleicher Weise meiner Frau Elisabeth und meinem Sohn Frederik. Ihnen ist dieses Buch gewidmet.

Hamburg, August 1999   Susanne Wilcken
                                                        Michael Rochow

Kapitel 1
Alkoholismus
Der diagnostische Blick

Grundlage jeder effektiven Alkoholismustherapie ist eine präzise Diagnostik. Das ist unumstritten. Unser Trainingsmanual wendet sich an erfahrene Experten, interessierte Kollegen und professionelle Helfer benachbarter Disziplinen. Deshalb haben wir uns entschieden, die Diagnostik des Alkoholismus nicht auszusparen sondern zumindest in komprimierter Form darzustellen. Die unterschiedlichen Kriterien der Alkoholintoxikation, des Mißbrauchs, der Abhängigkeit und des Entzugs werden stichwortartig aufgelistet.

Im Rückfallpräventions-Training (RPT) arbeiten wir systemisch-lösungsorientiert. Dieser Ansatz orientiert sich an der subjektiven Wahrnehmung, der Realitätskonstruktion und den kreativen Lösungs-ideen des einzelnen Menschen. Gleichzeitig haben wir die Erfahrung gemacht, daß ein solides diagnostisches Wissen notwendig ist. Insofern bewegen wir uns permanent in dem Spannungsfeld zwischen dem pathogenetisch ausgerichteten medizinischen Krankheitskonzept und dem salutogenetischen Modell (Antonovsky, 1987).

Therapeutisches Arbeiten wird präziser und professioneller, wenn beobachtbare Phänomene bei den Patienten adäquat interpretiert werden können.

Betroffene, die sich z.B. noch im Entzug befinden, wirken oftmals teilnahmslos, depressiv oder übererregt. Nicht selten wird Menschen in diesem Zustand fälschlicherweise mangelnde Therapiemotivation unterstellt. Gute Prozeßdiagnostik, die aufmerksam kleinste Ver-änderungen wahrnimmt, schützt vor dieser gefährlichen Etikettierung. Ungenaue und moralisierende Zuschreibungen führen leider zu voreingenommenen Haltungen auf der professionellen Seite. Dadurch werden Ressourcen und konstruktive Entwicklungschancen vergeudet.

1.1
Ein Phänomen - viele Begriffe

Die Bezeichnung „Alkoholismus" wurde bereits Mitte des letzten Jahrhunderts eingeführt. Ein populäres Etikett, hinter dem sich jedoch verschiedene Ausprägungen der Erkrankung verbergen. Sowohl der Alkoholmißbrauch als auch die -abhängigkeit können damit gemeint sein. In der Fachliteratur existiert eine Vielzahl zusätzlicher Begriffe für das gleiche Phänomen. Ein „terminologisches Chaos", wie Jellinek (1960) richtig bemerkte.

Bis zum heutigen Tag fehlt eine allgemein gültige Definition von Alkoholismus. Erschwerend kommt hinzu, daß die Grenze zwischen genußvollem Konsum und Suchtverhalten nicht trennscharf ist. Experten differenzieren jedoch die Intoxikation, den Mißbrauch und die Abhängigkeit.

Genauso kontrovers wie die Begriffsvielfalt war die Diskussion um die Bewertung dieses Phänomens - Krankheit oder persönlicher Makel? Bis zum Anfang des 19. Jahrhunderts wurde die Sucht eher moralisch betrachtet. "Charakterlosigkeit" und "Willensschwäche" galten als Gründe. Im Laufe des 20. Jahrhunderts wurde Alkoholismus zunehmend als Krankheit angesehen. Entsprechend dem medizinischen Modell von Alkoholabhängigkeit standen zunächst die körperlichen Folgeerscheinungen im Vordergrund, die mit chronischem Alkoholkonsum verbunden sind.

In den 40er und 50er Jahren gewann das Konzept der Alkoholsucht eine zunehmende Bedeutung. Die Weltgesundheitsorganisation (WHO) sorgte für eine Begriffsklärung und ersetzte "Sucht" 1964 durch die wertneutrale Bezeichnung Abhängigkeit. Seitdem wird unterschieden zwischen Alkoholintoxikation, -mißbrauch, -abhängigkeit.

Diese Differenzierung hat auch Eingang in die weltweit genutzten Klassifikationsschemata psychischer Störungen DSM-IV und ICD-10 gefunden. Die Kriterien sind nicht völlig identisch und werden deshalb im Vergleich modifiziert aufgelistet.

1.2
Alkoholintoxikation
DSM-IV (303.00)

- **A.** Kurz zurückliegender Alkoholkonsum
- **B.** Klinisch bedeutsame unangepaßte Verhaltens- oder psychische Veränderungen

(z.B. unangemessenes, aggressives oder Sexualverhalten, Affekt-labilität, beeinträchtigtes Urteilsvermögen, Beeinträchtigungen im sozialen oder beruflichen Bereich), die sich während oder kurz nach dem Alkoholkonsum entwickeln.

- **C.** Mindestens eines der folgenden Symptome, die sich während oder kurz nach dem Alkoholkonsum entwickeln:
- verwaschene Sprache
- Koordinationsstörungen
- unsicherer Gang
- Nystagmus
- Aufmerksamkeits- oder Gedächtnisstörungen
- Stupor oder Koma
- **D.** Die Symptome gehen nicht auf einen medizinischen Krankheitsfaktor zurück und können nicht durch eine andere psychische Störung besser erklärt werden.

Akute Intoxikation
ICD-10 (F 10.0)

- **A.** Nachweis eines hohen Alkoholkonsums, der für die Intoxikation ausreichend ist. Das Zustandsbild ist nicht durch eine Erkrankung/ Verletzung oder eine andere psychische Störung zu erklären.
- **B.** Auffälliges Verhalten

Mindestens eines der folgenden Symptome:
- Enthemmung
- Streitbarkeit
- Aggressivität
- Affekt-/Stimmungslabilität

- Aufmerksamkeitsstörungen
- Einschränkung der Urteilsfähigkeit
- Beeinträchtigung der persönlichen Leistungsfähigkeit
- **C. Mindestens eines der folgenden Symptome:**
- Gangunsicherheit
- Standunsicherheit
- verwaschene Sprache
- Nystagmus
- Bewußtseinsstörungen
- Gesichtsröte
  - konjunktivale Injektion

1.3
Alkoholmißbrauch
DSM-IV (305.00)

- **A.** Wiederholter Konsum, der die Erfüllung wichtiger Ver-
  pflichtungen und Leistungsanforderungen blockiert (z.B. Fern-
  bleiben von der Arbeit)
- **B.** Wiederholter Gebrauch in Situationen, in denen körperliche
  Gefährdungen möglich sind (z.B. beim Bedienen von Maschinen)
- **C.** Rechtliche Probleme aufgrund des Alkoholkonsums
  (z.B. Führerscheinentzug)
- **D.** Fortgesetzter Konsum trotz der Kenntnisse über Folgeschäden
  (z.B. Gewalttätigkeit in der Familie)

Hinweis: Es handelt sich hierbei um ein unangepaßtes Muster von
Alkoholgebrauch, das in klinisch bedeutsamer Weise zu Beeinträchtigungen oder Leiden führt. Eines der genannten Kriterien muß
sich innerhalb eines Jahres manifestieren.

Schädlicher Gebrauch (Abusus)
ICD-10 (F 10.1)

Im ICD-10 wird der Alkoholmißbrauch als „schädlicher Gebrauch" bezeichnet. Damit ist ein Konsummuster gemeint, das zu einer körperlichen und/oder psychischen Gesundheitsschädigung führt.

1.4
Alkoholabhängigkeit
DSM-IV (303.90)

1. Toleranzentwicklung
  a. Verlangen nach ausgeprägter Dosissteigerung
    b. Verminderte Wirkung bei fortgesetzter Einnahme der gleichen Dosis
2. Entzugssymptome
    a. Entzugssyndrom (z.B. Tremor, vegetative Hyperaktivität, Schlaflosigkeit)
    b. Einnahme von Alkohol zur Linderung der Entzugssymptome
3. Alkoholkonsum häufig in größeren Mengen und länger als beabsichtigt
4. Konsum kann langfristig nicht kontrolliert oder eingeschränkt werden
5. Viel Zeit für Aktivitäten zur Beschaffung und Konsum von Alkohol
6. Wichtige soziale, berufliche oder Freizeitaktivitäten werden aufgrund des Alkoholkonsums aufgegeben oder eingeschränkt
7. Fortgesetzter Alkoholmißbrauch trotz Kenntnis der sozialen, psychischen oder körperlichen Probleme, die durch den Alkoholkonsum bedingt sind

Hinweis: Es handelt sich hierbei um ein unangepaßtes Muster von Alkoholgebrauch, das in klinisch bedeutsamer Weise zu Beeinträchtigungen oder Leiden führt. Drei der genannten Kriterien müssen sich innerhalb eines Jahres manifestieren.

Alkoholabhängigkeit
ICD-10 (F 10.2)

1. Starker Wunsch oder Zwang zum Substanzkonsum
2. Verminderte Kontrollfähigkeit bezüglich Beginn, Beendigung und Menge des Substanzkonsums
3. Körperliches Entzugssyndrom
   a. Bei Beendigung oder Reduktion des Konsums
   b. Durch Alkoholkonsum zur Linderung oder Vermeidung der Entzugssymptome
4. Toleranzsteigerung
5. Fortschreitende Vernachlässigung anderer Interessen zugunsten des Substanzkonsums; erhöhter Zeitaufwand zur Beschaffung, zum Konsum und zur Erholung von Folgewirkungen
6. Anhaltender Konsum trotz Nachweis schädlicher Folgen

Hinweis: Für die Diagnostik des Abhängigkeitssyndroms müssen während des letzten Jahres mindestens drei der genannten Kriterien erfüllt sein.

1.5
Alkoholentzug
DSM-IV (291.8)

- **A.** Beendigung (oder Reduktion) von übermäßigem und lang-andauerndem Alkoholkonsum

- **B.** Mindestens zwei der folgenden Symptome, die sich innerhalb einiger Stunden oder weniger Tage gemäß Kriterium A entwickeln:
- vegetative Hyperaktivität (Schwitzen, Puls über 100)
- Erhöhter Handtremor
- Schlaflosigkeit
- Übelkeit oder Erbrechen
- Vorübergehende visuelle, taktile, akustische Halluzinationen
-   Psychomotorische Agitiertheit
- Angst
- Grand Mal-Anfälle

- **C.** Die Symptome von Kriterium B verursachen in klinische bedeutsamer Weise Leiden oder Beeinträchtigungen in sozialen, beruflichen oder anderen wichtigen Funktionsbereichen.

- **D.** Die Symptome gehen nicht auf einen medizinischen Krankheitsfaktor zurück und können nicht durch eine andere psychische Störung besser erklärt werden.

Entzugssyndrom
ICD-10 (10.3)

- **A.** Nachweis des Absetzens oder Reduzierens des Alkohols, nach wiederholtem und meist langanhaltendem Alkoholkonsum in hoher Dosierung.
- **B.** Nachweis von mindestens drei der folgenden Symptome
- Tremor der Hände, Zunge oder Augenlider
- Schwitzen
- Übelkeit, Würgen und Erbrechen
- Tachykardie oder Hypertonie
- Psychomtorische Unruhe
- Kopfschmerzen
- Schlafstörungen
- Krankheitsgefühl oder Schwäche
  - Vorübergehende optische, akustische oder taktile Halluzinationen oder Illusionen
  - Krampfanfälle Grand mal

Verschiedene Schweregrade des Entzugssyndroms:
1. Entzugssyndrom
   - ohne Komplikationen (F 10.30)
   - mit Krampfanfällen (F 10.31)
2. Entzugssyndrom mit Delir
   - ohne Krampfanfälle (F 10.40)
   - mit Krampfanfällen (F 10.41)

1.6
Teufelskreis der Alkoholabhängigkeit

Nach klinischen Gesichtspunkten lassen sich zusammenfassend fünf zentrale Kriterien für die Diagnostik von Alkoholabhängigkeit benennen (Feuerlein, 1987):

1. Abnormes Trinkverhalten
   (Menge und Modalität des Alkoholkonsums)
2. Somatische, alkoholbezogene Schäden
3. Psychosoziale, alkoholbezogene Schäden
4. Körperliche Abhängigkeit
   (Entwicklung von Toleranz und Entzugssyndrom)
5. Psychische Abhängigkeit
   (Kontrollverlust, gesteigertes Verlangen, Zentrierung von Denken und Handeln auf Alkohol)

Die Kriterien 1 bis 4 lassen auf unterschiedliche Grade von Alkoholmißbrauch schließen. Eine Abhängigkeit im klinisch-psychiatrischen Sinne ist erst dann zu diagnostizieren, wenn das Syndrom der "psychischen Abhängigkeit" (Kriterium 5) hinzukommt, das unabhängig von der körperlichen Abhängigkeit auftreten kann.

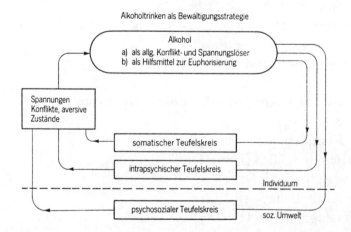

Abbildung 1: Teufelskreis der Alkoholabhängigkeit (Küfner, 1980)

Kapitel 2
Rückfall
Die latente Gefahr

In der Arbeit mit Alkoholabhängigen verblüfft uns, daß Patienten Rückfälle immer wieder als überraschende Ereignisse schildern. Sie erleben diese Krise wie aus „heiterem Himmel". Scheinbar ohne Vorwarnung läuft ein Verhaltensmuster ab, das nur schwer zu kontrollieren und zu unterbrechen ist. Zurück bleibt oftmals eine starke innere Ambivalenz. Kurzfristige Erleichterung und Entspannung einererseits. Schale Gefühle von Ohnmacht, Hilflosigkeit und Schuld andererseits.
Auf dem Hintergrund dieser emotionalen Dynamik gibt es *den Rückfall* nicht. Anders lassen sich die unterschiedlichen Erlebnisse der Betroffenen nicht interpretieren. Die Befunde der Forschung belegen diesen Eindruck nachhaltig (siehe Körkel & Kruse, 1994).

2.1
Was ist eigentlich ein Rückfall?

Nach gängiger Auffassung wird von einem Rückfall (Rezidiv) bei Alkoholabhängigen immer dann gesprochen, wenn nach einem Zeitraum der Abstinenz erneut Alkohol konsumiert wird. Rückfalle sind häufige Ereignisse im "natürlichen Verlauf" des Alkoholismus und im Prozeß einer Therapie. 54 % aller behandelten Alkoholiker werden in einem Zeitraum von vier Jahren nach einer Entwöhnungsbehandlung mindestens einmal rückfällig (Küfner & Feuerlein, 1989).
Das bedeutet, daß Rückfälle - zumindest langfristig - die Regel und nicht die Ausnahme sind.

In der Forschung gibt es zwei Perspektiven zur Betrachtung des Rückfalls :

- **"Enge" Rückfalldefinition**

Bereits der einmalige Konsum ist entscheidend. Menge und Art der Substanz (z.B. alkoholenthaltendes Medikament, Schnapspraline) sind dabei unerheblich.

- **"Weite" Rückfalldefinition**

Ausgangspunkt ist die persönliche Einschätzung des Betroffenen oder seiner sozialen Umgebung. Die Meßlatte dafür bildet die Überschreitung subjektiv kritischer Schwellen des Konsums. Sie geht einher mit einer Rückkehr zu persönlichen Verhaltens- und Denkweisen der „nassen" Phase.

2.2
Vom Rückfall zum Vorfall

Im traditionellen Rückfallverständnis existiert die Gleichung: **Abstinenz = Erfolg und Rückfall = Mißerfolg.** Sowohl Therapeuten als auch Betroffene neigen auch heute noch zu diesem Schwarz-Weiß-Denken. Neuere Forschungsergebnisse zwingen jedoch zu einem Umdenkprozeß. Ein angemessenes Motto ist viel mehr: **"Ein Rückfall muß keine Katastrophe sein".** Im Sinne *eines Vorfalls* sollte er als Ausgangspunkt für eine Entwicklungschance betrachtet werden.

Erfreulich ist, daß immer mehr professionelle Helfer beginnen, diese veränderte Sichtweise einzunehmen.

Ein Kernmerkmal der Alkoholabhängigkeit ist das Auftreten von Rezidiven. Im Gegensatz zu chronisch Kranken wurden Alkoholiker bisher mit einem hochmoralischen Stigma versehen. Rückfälligkeit wurde als Schwäche, Versagen und als persönlicher Makel betrachtet. Die anmaßende Unterstellung dabei war, daß die Betroffenen nicht therapiewillig seien.

Rückfälle im Rahmen therapeutischer Behandlungen zogen häufig Sanktionen nach sich. Betroffene wurden nicht selten als „hoffnungslose Fälle" abgestempelt.

Krisen als Lernchance

Rückfallprävention setzt einen deutlich anderen Akzent. Es geht nicht darum, die Bedeutung von Rezidiven herunterzuspielen und „Freifahrtscheine" auszustellen. Im Zentrum steht statt dessen eine intensive persönliche Aufarbeitung des Rückfalls. Dabei lautet die wichtigste Frage „Was kann ich aus dem Rückfall für meine Zukunft lernen?" Die Betonung liegt dabei auf der Übernahme von Verantwortung für das eigene Handeln.

Im Sinne der Prävention wird ein individuelles **„Frühwarnsystem"** entwickelt, das dem Betroffenen die Gefährdung seiner Abstinenz signalisiert. Diese Hinweise müssen in neue Verhaltens- und Denkmuster übersetzt werden.

Rückfallprävention zielt darauf ab, maßgeschneiderte Lösungen für die entsprechenden Personen zu erarbeiten und einzuüben. Patentrezepte gibt es - wie so oft - nicht.

Besonders Körkel (1991) plädierte schon vor einigen Jahren für einen anderen Umgang mit dem Phänomen Rückfall. Nach diesem Verständnis weist ein eingetretener Rückfall auf mangelnde Copingstrategien hin. Diese gilt es für die Zukunft wirksamer zu gestalten, um eine solidere Grundlage für ein abstinentes Leben zu schaffen.

2.3
Rückfälle - eine Systematik

Die Forschungsliteratur belegt eindrucksvoll, daß Rückfälle sehr unterschiedlich verlaufen können. Die nachfolgende Klassifizierung ermöglicht eine grobe Orientierung. In der Praxis tauchen jedoch Überlappungen und Mischformen auf.

Schwerer Rückfall - Alternative Begriffe sind massiver, ausgewachsener oder anhaltender Rückfall (full-blown-relapse). Bei dieser Variante bleibt es nicht beim "ersten Glas" (AA, 1980).
Der Betroffene fällt in vollem Umfang in sein altes Trinkmuster zurück und es kommt dabei zu körperlichen Entzugs-erscheinungen. Auch sind in aller Regel soziale Schwierigkeiten mit der Familie, den Freunden oder Arbeitskollegen die Folge.

Episodischer Rückfall - Auch "Ausrutscher" oder "Fehltritt" (lapse, slip) genannt. Der episodische Rückfall bezeichnet einen einmaligen oder kurzfristigen Konsum von Alkohol nach einer Phase der Abstinenz. Das "erste Glas" führt nicht zu einem unkontrollierten Verlangen nach vermehrtem Alkoholkonsum und somit nicht zu Trunkenheit und Entzugserscheinungen.

Kombination aus episodischem Trinken und schwerer Rückfälligkeit - Zwischen den beiden Rückfallvarianten gibt es fließende Übergänge. Ein zunächst kontrollierter, gelegentlicher Alkoholkonsum kann in kontinuierliches exzessives Trinken übergehen. Dies wird besonders gefördert durch Selbstüberschätzung nach dem Motto „Das bekomme ich wieder in den Griff" oder Bagatellisierung mit der Tendenz „ Das ist doch wirklich halb so schlimm". Auch schwierige Lebenssituationen werden als Ursache herangezogen.

Kontrolliertes Trinken - Das ist der bewußte Versuch, nach einer Phase der Abstinenz mäßig und nach einem festen Plan zu trinken (z.B. an einem bestimmten Tag der Woche). Dahinter steckt die unrealistische Annahme, das Alkoholproblem sei durch rigide Selbstbegrenzung zu steuern.
Häufig ist dieses Vorgehen aber nicht mit Genuß verbunden. Den Betroffenen plagen Gedanken, ob nicht weiterer Alkoholkonsum durchaus verträglich sei.

Trockener Rückfall - Von dieser Rückfallart wird gesprochen, wenn ein abstinenter Alkoholiker in frühere Denk-, Erlebens- und Verhaltensgewohnheiten zurückfällt. Hierbei besteht die Gefahr, daß ein tatsächlicher Rückfall eintritt (Schmidt, 1988). Dieses Konzept wird vielfach in Selbsthilfegruppen vertreten.

Systemischer Rückfall - Diese Variante bezieht sich auf das soziale Netz (z.B. Familie) der Betroffenen. Die Kernfrage ist: „Was passiert eigentlich in dem System, wenn das „Mitglied Alkohol" ausscheidet?" Der Rückfall wird dadurch angebahnt, daß keine konstruktiven Veränderungen in den Beziehungsmustern zugelassen werden.
Statt dessen treten im Sinne einer „Problemverschlimmerung" noch rigidere Verhaltensschleifen zwischen den Familienmitgliedern auf. Dieses Phänomen kann zu einem erneuten Alkoholkonsum des Betroffenen führen. Denkbar sind auch Symptomverschiebungen innerhalb des Systems z.B. eine psychosomatische Erkrankung eines anderen Familienmitglieds.

2.4
Theorien und Ansätze zum Rückfallgeschehen

Im letzten Jahrzehnt hat sich die Bandbreite der Theorien und Modelle zur Erklärung, Vorhersage und Beeinflussung von Rückfällen erheblich erweitert und differenziert. Im Folgenden ein Überblick:

Moralischer Ansatz - Der Rückfall wird als Ausdruck von Haltlosigkeit, Willens- und Charakterschwäche verstanden. Im Sinne einer erneuten persönlichen Entgleisung wird dem Alkoholabhängigen willentliches, schuldhaftes und leichtfertiges Aufgeben einer prinzipiell möglichen Abstinenzfähigkeit unterstellt.

Psychodynamischer Ansatz - Rückfälligkeit wird als Folge intrapsychischer Konflikte (z.B. narzißtischer Störungen) und/oder Ich-struktureller Defizite (sensorisch, emotional, psychomotorisch) in der Persönlichkeit des Alkoholabhängigen angesehen. Weitere psycho-dynamische Ansätze erklären Rückfälle als Hilfsmittel zur Abwehr von Erinnerung früherer sexueller Traumata (Young, 1990).

Psychopathologischer Ansatz - Die psychiatrisch orientierte Erklärung versteht Rückfälle nicht als Folge neurotischer Prozesse, z.B. emotionale Konflikte, sondern als kurze psychotische Episoden. In diesen Zuständen treten Angst und kognitive Warnsignale nicht auf, so daß keine Realitätstestung erfolgen kann (Baar & O'Connor, 1985).

Subjektive Rückfalltheorien - Jeder Alkoholabhängige hat seine persönliche vorwissenschaftliche Erklärung zum Rückfallgeschehen. Der wesentliche Aspekt dieser „Theorien" ist folgender: Sie können richtig oder falsch sein - in jedem Fall sind sie verhaltenswirksam. Rückfälle laufen somit nicht naturgesetzlich ab sondern werden vom Rückfälligen selbst kognitiv und emotional beeinflußt.
Der mögliche Ablauf von Rückfällen ist dem Betroffenen gemäß seiner naiven Rückfalltheorie im Voraus bekannt.

Systemtheoretischer Ansatz - Der Rückfall eines Alkohol-abhängigen dient auf einer weitgehend nicht bewußten Ebene der Wiederherstellung gewohnter Beziehungsmuster. Anhaltende Abstinenz bringt zwangsläufige Veränderungen im Familiensystem mit sich. Diese können als Bedrohung erlebt werden („Das Schlechte im Guten.") Der Rückfall bekommt den Charakter einer beziehungs-gestaltenden Entscheidung. Somit können mögliche Konflikte und Instabilitäten vermieden werden.

Nicht der Alkoholkonsum per se ist entscheidend für die Einordnung des Rückfalls, sondern welche Bedeutung dem Konsum gegeben wird und wie die Familienmitglieder aufeinander reagieren (Schmidt, 1988).

Medizinischer Ansatz - Alkoholabhängigkeit wird als Krankheit aufgefaßt (WHO). Zentrales Konzept des medizinischen Denkens ist das "unwiderstehliche Verlangen" (Craving) nach Alkohol. Dies wird im Sinne eines psychischen Bedürfnisses verstanden, das den zunächst abstinenten Alkoholiker dazu veranlaßt, ein "erstes Glas" zu sich zunehmen.

Die weitere Rückfalldynamik wird als ein sich aufschaukelnder Prozeß angesehen, der willentlich nicht beeinflußbar ist. Wenn erst einmal dieser stoffwechselbezogene Auslöser in Gang gesetzt ist, dann vollzieht sich der Rückfall automatisch, unvermeidbar und außerhalb der Kontrolle (Litman, 1982).

Exkurs

Craving - Der Suchtdruck

Als Craving wird das gesteigerte Verlangen, die „Gier" nach psychotropen Substanzen bezeichnet. Im Fall der Alkoholabhängigen ist damit ein starker Wunsch oder sogar eine Art Zwang verbunden, Alkohol zu konsumieren. Die Betroffenen bezeichnen dieses Symptom sehr plastisch als „Suchtdruck".

In den diagnostischen Leitlinien der ICD-10 ist Craving ein be-deutendes Kriterium für eine Alkoholabhängigkeit.

Die Forschung unterscheidet zwei Formen des Craving:

1. Psychisches oder primäres Craving

Damit ist ein ausgeprägtes Verlangen nach Alkohol in abstinentem Zustand gemeint. Es kann auch längere Zeit nach einem Entzug in speziellen Situationen anfallartig auftreten.

2. Physiologisches oder sekundäres Craving

So wird das Verlangen bezeichnet, das unter nachlassendem Alkoholeinfluß oder während des Entzugs entsteht. Um unangenehme körperliche Entzugserscheinungen wie morgendliches Zittern, Ängste oder Übelkeit zu reduzieren, sind Betroffene jetzt besonders gefährdet, wieder Alkohol zu konsumieren.

Kognitiv-behavioraler Ansatz - Rückfälle beruhen auf starken Konditionierungen von Trinkstimuli und -verhalten. Kognitive Modelle beziehen zusätzlich eine Wechselbeziehung zwischen sozialen und situativen Einflußfaktoren, kognitiven Interpretationen dieser Bedingungen sowie überdauernden Denkmustern (Selbstwirksam-keitserwartung) mit ein. Als Hauptauslöser werden positive Erwartungen und die Wirkungen bzw. Folgen des Alkoholkonsums angenommen. Auf der Grundlage dieses kognitiv-behavioralen Denkens wurden zahlreiche Rückfallkonzepte entwickelt.

Theorie von Annis - Gemäß dem "self-efficacy"-Ansatz von Bandura (1977) ist die Beziehung zwischen der Bewältigung von hochrisikoreichen Situationen, belastenden Ereignissen und der Wahrnehmung von Selbstwirksamkeit entscheidend. Nach Annis (1986) ist nicht das Verhalten, also das Trinken des "ersten Glases", sondern damit verbundene kognitive Bewertungen ausschlaggebend für den weiteren Trinkverlauf.

Theorie von Litman - Vier Bedingungen nehmen Einfluß auf Ablauf und Auftreten von Rückfällen (1984):

1. Rückfallgefährliche Situationen

Dazu zählen unangenehme emotionale Zustände, gefährdende äußere Situationen und ambivalente innere Haltung.

2. Verfügbare Copingstrategien

Das sind z.B. positives Denken, Vermeidung von Risikosituationen, soziale Unterstützung sowie Möglichkeiten der Ablenkung.

3. Persönliche Bewertung

Einschätzung der Effektivität der vorhandenen Copingstrategien.

4. Grad der Selbstwahrnehmung

Dieser Faktor besteht aus dem individuellen Ausmaß der Selbstachtung, der Kontrollfähigkeit und der Stärke, der sich selbst zugeschriebenen Abhängigkeit.

Theorie von Marlatt & Gordon - In diesem Modell sind einzelne Rückfallfaktoren integriert, die nicht nur für Alkoholabhängigkeit sondern auch für andere Abhängigkeiten (Drogen, Rauchen, Spielen) gelten sollen. Grundvoraussetzung ist die Freiwilligkeit zur Abstinenz. Zu dieser Haltung kommt es durch einen Entscheidungsprozeß, der wiederum von der Motivation abhängig ist, abstinent zu bleiben. Nach Marlatt (1985) spielen bei Rückfällen von Alkoholabhängigen vier entscheidende Bedingungen eine Rolle:

1. Dauerhaft unausgewogener Lebensstil

Ein Leben mit vielen Pflichten, Anforderungen und Streß (Shoulds) und wenigen positiven Akzenten und Regenerationsmöglichkeiten (Wants). Diese fehlende Balance birgt die Gefahr, daß Alkohol zur Erleichterung, Entspannung und Entlastung eingesetzt wird.

2. Rückfallgefährliche Situationen

Das sind belastende kritische Lebensereignisse sowie scheinbar unbedeutende Entscheidungen, die zu einer akuten Gefährdung der Abstinenz führen können.

3. Ungeeignete Copingstrategien

Diese können unter akuter Belastung von der Abstinenzgefährdung zur -beendigung führen.

4. Ungünstige kognitive und emotionale Prozesse

Die Zuversicht des Betroffenen, die Abstinenz aufrecht zu erhalten, sinkt stark ab. Das bewirkt, daß nach einem Ausrutscher die Ausweitung des Alkoholkonsums fast zwangsläufig zunimmt.

Fazit: Entscheidend ist die Wechselwirkung zwischen wahrgenommenem Streß, Verfügbarkeit und Anwendung effektiver

Copingstrategien, erlebtem Ausmaß der persönlichen Kontrolle der Selbstwirksamkeit und den antizipierten Effekten des Alkohols.

Der weitere Verlauf des Rückfalls wird vom sogenannten Abstinenzverletzungseffekt (AVE) bestimmt.
Er enthält zwei Komponenten:
1. Kognitive Dissonanz und Attributionsprozesse
Der AVE fällt um so stärker aus, je mehr der Betroffene die Gründe für den Rückfall bei sich selbst sucht.
2. Emotionale Reaktion auf die Kausalerklärungen
Dazu zählen Schuld- und Schamgefühle sowie Selbstkritik. Marlatt nimmt auch physiologische und soziale Faktoren beim Rückfallprozeß an, beschreibt sie jedoch nicht ausdrücklich in seinem Modell.

Kapitel 3
Rückfallprävention
Der Fallschirm mit Reißleine

Der neue Ansatz in der Behandlung Abhängiger betrachtet die Veränderungsprozesse von Menschen in umfassender Komplexität. Abstinenz ist auch hier ein wichtiges Ziel. Darüber hinaus ist der Blick gerichtet auf eine Veränderung des persönlichen Lebensstils (Lifestyle Balance). Unsere Überzeugung ist, daß selbstschädigendes Verhalten veränderbar ist und damit den Betroffenen potentiell viel Energie für neue Herausforderungen zur Verfügung steht. Diese Kraft kann genutzt werden, wenn es gelingt, neue lohnenswerte Ziele und Aktivitäten zu entwickeln.

Für effektive Vorbeugung werden vergangene Mißerfolge zu zukünftigen Lernchancen. Im Leben wird es auch nach einer erfolgreichen Therapie Risiken geben. Diese gilt es im Vorwege einzuschätzen und sich selbst für den Ernstfall vorzubereiten. Denn: Eine bekannte Gefahr ist weniger groß als eine unbekannte.

3.1
Was ist Rückfallprävention?

Der Begriff der Rückfallprävention (RP) wurde von dem amerikanischen Psychologen Alan Marlatt (Universität Washington) geprägt. Er gilt als der führende Rückfallforscher und entwickelte Mitte der 80er Jahre eine Theorie zum Ablauf von Rezidiven bei abhängigem Verhalten. Der Rückfall wird als Prozeß beschrieben, in dem Verhalten, Kognitionen und Emotionen in komplexer Wechselwirkung stehen. Im Zentrum des Modells steht der Umgang der Betroffenen mit Hoch-Risikosituationen (High-risk situations).

Das sind Erlebnisse, die die Selbstwirksamkeit und wahrgenommene
Kontrollmöglichkeit einer Person im Hinblick auf die Aufrecht-
erhaltung der Abstinenz bedrohen.
Entscheidend für den weiteren Verlauf in diesen heiklen, krisenhaften
Momenten ist das Ausmaß an vorhandenen Bewältigungsstrategien
(Coping). Der Rückfall tritt nur dann ein, wenn weder kognitiv noch
aktional eine ausreichende Antwort gefunden werden kann.

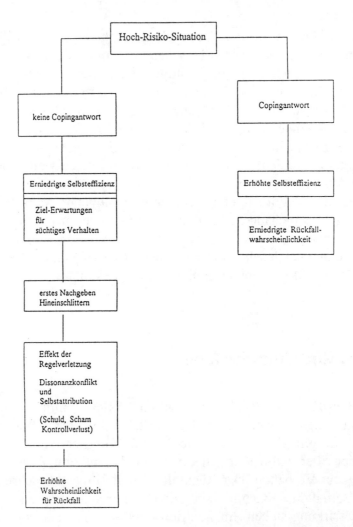

Abbildung 2: Modell Marlatt& Gordon (1985) - Der Rückfallprozeß

3.2
Der Rückfallprozeß

Ausgangspunkt ist das Wahrnehmen, Bewerten und Bewältigen einer Hoch-Risikosituation. Was als riskant und bedrohlich erlebt wird, ist von Mensch zu Mensch sehr unterschiedlich. Die Rückfall-Forschung unterscheidet drei Kategorien der Gefährdung:

1. Inneres Erleben
2. Zwischenmenschliche Konflikte
3. Sozialer Druck

Im günstigen Fall hat die betroffene Person Bewältigungsstrategien, um die Situation in den Griff zu bekommen. Die Abstinenz bleibt weiterhin gesichert. Jede erfolgreich gemeisterte Krise erhöht das Vertrauen in die eigenen Handlungsmöglichkeiten und vermindert die Wahrscheinlichkeit eines Rückfalls.

Fallbeispiel

Frau B. (37) ist seit acht Jahren alkoholabhängig. Ein wesentliches Risiko bargen die Auseinandersetzungen mit ihrem Ehemann. In den Konfliktgesprächen fühlte sie sich an die Wand gedrängt und überhaupt nicht verstanden. In diesen Momenten trank sie. Dennoch gab es immer wieder Phasen längerer Abstinenz. Rückfälle traten dann ein, wenn sie die emotionsgeladenen Diskussionen mit ihrem Mann nicht mehr aushalten konnte und deprimierende Gedanken auftraten (z.B. „Ich halte es einfach nicht mehr aus.") In einem längeren Lernprozeß entwickelte sie neue Möglichkeiten, mit dieser Risikosituation angemessen umzugehen. Heute kann sie flexibel Entscheidungen treffen. Entweder äußert sie selbstsicher ihre Wünsche oder kann auftretende negative Gefühle auf eine gesündere Art und Weise (z.B. beim Sport) kompensieren.

Ein Rückfall entsteht, wenn sich der Betroffene in dieser Situation „überrollt" fühlt. Er hat keine angemessene Antwort auf die jeweilige Herausforderung, empfindet sich als handlungsunfähig.

Das Ergebnis ist, daß das Vertrauen in die eigene Selbstwirksamkeit deutlich reduziert wird. Gleichzeitig tauchen Erwartungen und Erinnerungen an die positiven Effekte des Alkohols auf. Jetzt ist der Weg „zum ersten Glas" nicht mehr weit.

Dieser Zustand eskaliert nach dem ersten erneuten Konsum. Gefährlich ist der sogenannte Abstinenzverletzungseffekt (AVE), der aus einem starken inneren Konflikt besteht. Dieser zeigt sich in Gefühlen von Scham und Schuld („Ich bin ein Versager, was werden die anderen von mir denken?") sowie einer deutlich negativen Selbstbewertung („Ich schaffe es sowieso nicht"). Betroffene verlieren den Glauben und die Zuversicht daran, den weiteren Verlauf der Situation kontrollieren zu können. Gleichzeitig steigt damit die Wahrscheinlichkeit weiterer Rückfälle.

Fallbeispiel

Herr K. (43) war nach einer Langzeittherapie 11/2 Jahre trocken.

In seinem Beruf als Ingenieur war er sehr erfolgreich, bekam jedoch zunehmend Probleme mit einer übernommenen Führungsposition. Den Anforderungen und Erwartungen von Geschäftsführung und Mitarbeitern fühlte er sich nicht gewachsen. Während einer schwierigen Projektphase bemerkte er gesteigertes Verlangen nach Alkohol, um den wahrgenommenen Streß auszugleichen. Dieses Muster war ihm aus seiner Vergangenheit bekannt. Die erreichte längere Abstinenz machte ihn leichtsinnig („Ausnahmsweise gönne ich mir mal ein gutes Glas Wein. Ich habe alles unter Kontrolle.")

Zu seiner eigenen Überraschung geriet er in einen tiefen, inneren Konflikt.

Starke Schuldgefühle seiner Familie und der Firma gegenüber traten auf und blockierten ihn. Das Verlangen diese Spannungen durch Alkohol zu mindern, wurden immer stärker. Er gab immer häufiger nach. Diese Talfahrt konnte er selbst nicht mehr stoppen. Bis zur nächsten Behandlung vergingen zwei Jahre, in denen Herr K. exzessiv Alkohol konsumierte.

3.3
Interventionen der Rückfallprävention

Rückfallprävention ist die „Praxis zur Theorie". Marlatt beschreibt sie als Mischung aus Konzepten und Techniken der kognitiven Verhaltenstherapie und dem Ansatz zur Veränderung des persönlichen Lebensstils (lifestyle change).
Rückfallprävention (RP) ist ein Selbstkontrollprogramm für Abhängige, das dabei helfen kann, kritische risikoreiche Verhaltensweisen zu verändern. Rückfälle können antizipiert werden und es ist möglich, neue Copingstrategien zu entwickeln.
Das vorliegende Trainingsprogramm enthält zusätzliche Elemente, die sich als wirksam und nützlich herausgestellt haben. Besonders hilfreich sind Interventionen aus der Lösungsorientierten Kurzzeittherapie, aus der systemischen Beratung sowie dem Neurolinguistischen Programmieren (NLP), der Hypnose und dem Psychodrama.

Inhalte der Rückfallprävention

1. **Sensibilisierung der Wahrnehmung**
   z.B. persönliches Frühwarnsystem
2. **Verhaltenstraining**
   z.B. Entspannung, Selbstsicherheit, Kommunikation
3. **Kognitive Strategien**
   z.B. Reframing, Gedankenstopps, Problemlösungstechinken
4. **Veränderungen des Lebensstils**
   z.B. positive Süchte, Aufbau neuer Kontakte, Ziele und Visionen

Kapitel 4
Universitätsklinik Lübeck
Startpunkt für das RPT

Im folgenden werden Struktur und Ablauf der Motivationstherapie (Dilling, Veltrup, Driessen, 1993) in der Universitätsklinik Lübeck erläutert und die Notwendigkeit für ein RPT-Programm dargestellt. In dem Lübecker Konzept ergänzen sich medizinische Interventionen (Entzug-I) und psycho- sowie soziotherapeutische Maßnahmen (Entzug-II). Der zweite Teil dieser Alkoholismusbehandlung erstreckt sich über drei Wochen. Das vorliegende RPT ist für diesen Zeitraum konzipiert, kann jedoch auch als Grundlage und Anregung für umfangreichere Behandlungsangebote genutzt werden.

4.1
Das Konzept der zweistufigen Entzugsbehandlung

Aus vielen Studien und langer klinischer Erfahrung wurde das Defizit konventioneller Entgiftungsbehandlungen deutlich. Für eine langfristige Abstinenzmotivation ist die ausschließliche Behandlung der körperlichen Entzugssymptome und der Folge- und Begleiterkrankungen der Alkoholabhängigkeit nicht ausreichend. Aus diesem Grund wird nach Absprache mit den Lübecker Krankenkassen im Bereich der Erwachsenenpsychiatrie der Universitätklinik Lübeck eine zweistufige Entzugsbehandlung durchgeführt.
Bei der Motivationstherapie handelt es sich um ein hochstrukturiertes Behandlungsangebot, mit aufeinander abgestimmten Interventionen. Die Durchführung erfolgt auf einer eigenen Station der Psychiatrie.

Das Therapie-Programm dauert drei Wochen und ist für jeweils maximal 12 Patienten konzipiert. Durch ein halboffenes Gruppensystem verlassen in jeder Woche Patienten die Klinik und es kommen wieder neue hinzu. Darüber hinaus hat es sich bewährt. die Gruppen immer aus Männer und Frauen zusammen zu setzen. Damit ist gewährleistet, daß wichtige Lebensthemen aus unterschiedlichen Perspektiven beleuchtet werden.

Das Konzept des zweistufigen Entzugs ist niedrigschwellig und wohnortnah. Patienten ohne suchtspezifische Vorbehandlung werden bevorzugt aufgenommen. Von der Motivationstherapie ausgeschlossen sind Alkoholabhängige mit hirnorganischen Störungen sowie mit akuten schizophrenen oder affektiven Psychosen. Voraussetzung für die Teilnahme ist ein Beratungs- bzw. Indikationsgespräch. Dies erfolgt in der Fachambulanz von Haus IV oder konsiliarisch am Krankenbett, da sich viele Patienten vorher auf anderen Stationen der Klinik zur Behandlung somatischer Beschwerden befinden.
Entzug-I:
Die erste Phase - die medikamentöse Entgiftung - erfolgt entweder in verschiedenen Krankenhäusern der Umgebung oder auf anderen Stationen der Psychiatrie der Universitätsklinik in Lübeck. Die Dauer hängt vom jeweiligen psychosomatischen Zustand des Betroffenen ab. Im Durchschnitt ist der Entzug I nach 5 bis 10 Tagen beendet.
Entzug-II:
Die zweite Phase - soziotherapeutische Interventionen - dauert 21 Tageund schließt sich unmittelbar an.
Alle Patienten nehmen verbindlich an dem Programm teil. Die Behandlungselemente umfassen: gruppentherapeutische Sitzungen, ärztliche Visitengespräche, Bibliotherapie (Informationen zum Alkoholismus), Angehörigengruppe, Musik- und Werktherapie, Bewegungs- und Entspannungsübungen, einzeltherapeutische Maßnahmen, Sozialsprechstunden, Kneipenbesuch als Exposition in-vivo sowie das Kennenlernen vier verschiedener Selbsthilfegruppen.
Das therapeutische Konzept ist eingebettet in den Ansatz der Selbstorganisation der Patienten. Jeder Teilnehmer muß auf der Station Verantwortung für spezielle Aufgaben wie z.B. Küchendienst

oder Blumenpflege übernehmen. Darüber hinaus werden auch einige Aktivitäten in der "Klinik-Freizeit" wie z.B. Grillabende oder Kinobesuche gemeinsam geplant. An jedem Wochenende (Samstagmorgen bis Sonntagabend) werden die Patienten beurlaubt, um die Stabilität ihrer Abstinenz in gewohnter Umgebung auszuprobieren. Die Erfahrungen werden dann in der Gruppentherapie besprochen und bearbeitet.

Im Zentrum der therapeutischen Bemühungen steht die Motivationsförderung.

In dem Lübecker Konzept werden drei Ebenen unterschieden:

1. **Abstinenzmotivation** - damit ist die Bereitschaft eines Abhängigen zum zukünftigen Verzicht auf Alkoholkonsum gemeint.
2. **Behandlungsmotivation** bezeichnet die Bereitschaft zur Mitarbeit an dem Therapieprogramm.
3. **Änderungsmotivation** zielt ab auf Veränderungen im sozialen und beruflichen Umfeld.

Aus der Sicht des Behandlers gehören diese drei Dimensionen in der Regel zusammen, für den Betroffenen selbst können sie sehr wohl isoliert voneinander bestehen (Brenkschulte & Pfeiffer, 1987). Die therapeutischen Interventionen der Motivationstherapie orientieren sich an Verlaufsmodellen der Verhaltensänderung nach Prochaska & DiClemente (1983) sowie Davidson (1991).

Nach diesen Konzepten sind Modifikationen von Einstellungen und Verhalten zirkuläre Prozesse mit fünf diagnostisch wichtigen Phasen. Diese sind in der Praxis nicht genau abgegrenzt sondern gehen ineinander über.

Das Verlaufsmodell

In der **Vorahnungsphase** bagatellisieren die Betroffenen ihren Alkoholkonsum, nehmen kritische Anmerkungen des sozialen Umfeldes nicht ernst. Heimliches Trinken und zeitweilige Abstinenz können Strategien sein, die Problematik zu verschleiern.

Der schädigende Alkoholkonsum wird in der **Einsichtsphase** auch von den Betroffenen selbst als bedrohlich wahrgenommen. Es gibt eine ambivalente Haltung: eigene Gedanken an Verhaltensänderung und Abwehr von Kritik. Rat und Hilfe von Experten nehmen die Betroffenen erst in der **Handlungsphase** an. Beratungsstellen, Selbsthilfegruppen oder der Hausarzt werden aufgesucht. Die **Aufrechterhaltungsphase** wird durch die Bemühungen des Alkoholabhängigen gekennzeichnet, ein abstinentes Leben zu führen. Dabei können ihn suchtspezifische Einrichtungen und sein soziales Netzwerk unterstützen. In der **Rückfallphase** wird erneut Alkohol konsumiert.

Die Patienten, die an dem Lübecker Motivationsprogramm teilnehmen, befinden sich zumeist in der Einsichts- und Handlungsphase. Bei einer kleineren Gruppe hat die eigene Akzeptanz der Abhängigkeit noch nicht stattgefunden. Die Interventionsmethoden werden im Sinne eines adaptiven Indikationsprozesses auf die Patienten zugeschnitten und auf der Grundlage des Verlaufsmodells von Prochaska & DiClemente (1983) den aktuellen Änderungsphasen angepaßt. Bei Patienten, die sich in der Einsichts- und Handlungsphase befinden, stehen affektive und kognitive Aspekte im Vordergrund. Das Akzeptieren der eigenen Krankheit und der Entscheidungsprozeß zur Abstinenz sind erste notwendige Schritte auf dem Weg aus der Abhängigkeit. Patienten, die schon längere Zeit abstinent leben, bekommen eher Unterstützung zur Festigung günstiger Verhaltensweisen oder Hilfe in der Entwicklung neuer Strategien zur Abstinenzsicherung.

Die Motivationsbehandlung orientiert sich am "Interaktionellen Problemlösevorgehen in Gruppen" (Grawe, Dziewas & Wedel, 1980). In Problemlösungstherapien werden nicht nur aktuelle Konflikte bearbeitet. Damit die Patienten auch in Zukunft selbstbewußt und autonom agieren können, findet darüber hinaus ein Training individueller Strategien zur Veränderung schwieriger und belastender Situationen statt.

Zur Lösung von Konflikten sind allgemein fünf Schritte notwendig (Grawe, 1994):

1. **Analyse** der problematischen Situation und Zieldefinition
2. **Generierung** von geeigneten Maßnahmen zur Erreichung der Ziele
3. **Entscheidung** für einen Lösungsansatz und Selbstverpflichtung
4. **Durchführung** des neuen Verhaltens
5. **Evaluation**

In Kombination mit anderen verhaltenstherapeutischen Techniken (z.B. Entspannungstraining, systematische Übungen zur Selbstbeobachtung und -verbalisation) hat sich die Methode "Interaktionelles Problemlösevorgehen in Gruppen" als pragmatisch bei der Arbeit mit Alkoholabhängigen erwiesen. Die therapeutische Gruppe stellt darüber hinaus ein wichtiges diagnostisches Feld dar. Der soziale Mikrokosmos fördert den Abbau der Krankheitsabwehr, hilft die Beziehungs-gestaltung zu analysieren und ist ein wichtiger Verstärker für Verhaltensänderungen sowie vorbereitendes Übungsfeld.

4.2
Einordnung des RPT in das Gesamtkonzept

Im Rahmen der Motivationstherapie gab es bis November 1995 lediglich eine 1 1/2stündige gruppentherapeutische Sitzung pro Woche, in der anhand von Rollenspielen individuelle Risikosituationen der Patienten dargestellt und Bewältigungsstrategien eingeübt wurden. Neue Ergebnisse der Alkoholforschung belegen jedoch die zentrale Bedeutung der Rückfallprävention für stationäre Therapieprogramme. Das war der Anlaß zu Überlegungen, ein strukturiertes Programm zu diesem Themenkomplex in der Lübecker Universitätsklinik einzuführen. Seit November 1995 findet das RPT einmal wöchentlich statt und nimmt aufgrund des zeitlichen Umfanges und der neuartigen Konzeption eine exponierte Position in der Motivationstherapie ein. Im Gegensatz zu anderen Gruppensitzungen, die ausschließlich psychotherapeutischen Anspruch haben, stellt das RPT ein multi-interventives, hochstrukturiertes Trainings-Programm dar. Analog zur dreiwöchigen Dauer der stationären Motivationstherapie umfaßt das RPT drei Sitzungen von jeweils vier Stunden. Pro Trainingstag gibt es jeweils einen Themenschwerpunkt aus dem Bereich der Rückfallprävention. Nachfolgend ein Strukturplan für eine Woche der dreiwöchigen Motivationstherapie mit dem zusätzlichen RPT-Element.

Therapieplan C Gültig vom 27.09. 99 bis zum 03.10. 1999

	Montag	Dienstag	Mittwoch	Donnerstag	Freitag	Samstag	Sonntag
morgens	8:00 - 8:30 Plenum Vorbespr. Angehörigengr.	8:00-9:00 Gruppentherapie o.Therapeut	8:00-8:30 Plenum 8:30-8:45 Frage-bögenausgabe	8:00 - 8:30 Plenum		Aufräu-men der
	9:30 - 11:00 Gruppentherapie „Wochenend - nachbesprechung"	9:00 - 11:00 Neuaufnahmen / Patenarbeit ca.11:15 Oberarztvisite	10:00 - 12:00 Vorstellung neuer Patienten/Pause Gruppentherapie: „Weiterbehandlung"	8:30 - 12:00 Regelung sozialer Angelegenheiten	9:30 - 11:00 Gruppenthera-pie „Wochenend-besprechung"	Station Ple-num
	13:00-18:00 Testung nach Absprache			9:00-14:00 Computerdiagnostik nach Absprache		Wo.E. Urlaub
mittags	12:00 - 12:50 Bibliotherapie 13:30 - 14:15 Bewegungstherapie 13:00 - 13:30 Entlassungsge-spräche	13:30 - 14:15 Entspannungs-therapie	13:30 - 14:15 Bewegungstherapie	13:30-14:30 Entspannungs-therapie	12:00 -13:15 Musiktherapie 13:30-14:15 Bewegungs-therapie 15:00-15:50 Bibliotherapie	
nachmittag	14:45 - 16:00 Beschäftigungs-therapie Im Gruppenraum Station 4	15:45 - 17:45 Beschäftigungs-therapie	14.00 -18.30 R P T Rückfallpräven-tionstraining	15:45-17:45 Beschäftigungs-therapie	17:00-17:30 Fragebögen-abgabe	
abends	16:30-19:00 Vorbereitung d. Abendfeier 19:00 - 21:30 Abendfeier	19:00 Wo.1 Einführungsgesp. 19:00 Wo.2+3 Selbsthilfegruppe n. Absprache		19:00- 20:30 Angehörigen-gruppe (Therapiezeit für alle Patienten !)	20:00 - 21:30 Selbsthilfe-gruppe „Blaues Kreuz" Steinraderweg 18		19:30-20:00 Rück kehr auf Station

Abbildung 3: Wochenplan der Motivationstherapie

Kapitel 5
Rückfallprävention:
Trainings-Ziele & -Bausteine

Dauerhafte Abstinenz ist das elementare Ziel in der Behandlung
Alkoholabhängiger, die auf dem traditionellen medizinischen Modell
basiert. Zahlreiche Studien (z.B. Küfner & Feuerlein, 1989) belegen
aber deutlich, daß das angestrebte Ergebnis eher die Ausnahme als die
Regel ist. Mindestens 80% aller Entgiftungspatienten werden
innerhalb eines Jahres rückfällig. Selbst 54 % aller stationär
entwöhnungs-behandelten Alkoholabhängigen erleben innerhalb eines
Katamnese-zeitraums von vier Jahren ein Rezidiv.
Leider zeigten bisherige suchttherapeutische Konzepte eher
Berührungsängste mit der Rückfallthematik. Die meisten Behandler
neigen dazu, das Rückfallproblem in ihren Interventionsverfahren
völlig zu ignorieren (Marlatt, 1979). Um jedoch die dramatisch hohen
Rückfallquoten zu reduzieren, müssen präventive Strategien
obligatorisch in therapeutische Behandlungen integriert werden
(Körkel & Lauer, 1988).

Dabei sind zwei Prophylaxe-Strategien zu unterscheiden:

1. Primäre Rückfallprävention
Kompetenz-Training, um Risikosituationen abstinent zu meistern.
2. Sekundäre Rückfallprävention
Zielt darauf ab, die Konsequenzen erneuten Alkoholkonsums zu
mildern und die Abstinenz möglichst schnell wieder herzustellen.

Fazit: Es kann festgestellt werden, daß alle präventiven Maßnahmen
Rückfälle nicht gänzlich ausschließen aber potentiell verhindern und
verkürzen können. Je schneller ein Rückfall gestoppt werden kann,
desto geringer sind die Folgen (Schmitz et al., 1986).

5.1
Stadien des Rückfalls - Effektive Trainingsansätze

Viele Betroffene fühlen sich von einem Rückfall noch immer überrollt. „Plötzlich war es wieder soweit", „Es geschah wie aus heiterem Himmel", sind oftmals erste Schilderungen der Patienten nach einem Vorfall. Bei genauer Analyse der persönlichen Risikosituation wird dann aber deutlich: Jeder Rückfall kündigt sich an!

Nach Lindenmeyer (1994) gibt es vier Stadien des Rückfalls:

1. Unausgewogene Lebenssituation
Wichtige Ziele eines Menschen werden unerreichbar oder sind zumindest erheblich gefährdet.

2. Scheinbar harmlose Entscheidungen
Das sind oftmals nicht bewußte Handlungsschritte, die zu individuell unterschiedlichen Risikosituationen führen können.

3. Rückfallgedanken
Treten oftmals automatisiert während einer Gefährdung auf und können von einem starken Verlangen (Craving) begleitet werden.

4. Rückfallschock
Bezeichnet den kognitiv-emotionale Zustand, den Betroffene nach dem ersten Alkoholkonsum erleiden. Panik und Schuldgefühle über die gebrochene Abstinenz führen zu der Haltung: "Jetzt ist alles egal."

Diesem Konzept entsprechend lassen sich in jedem der vier Stadien Möglichkeiten und Chancen aufzeigen, den Rückfall zu beenden und die Abstinenz erneut zu sichern.

Die wichtigsten Trainingsziele der Rückfallprävention liegen daher in folgenden Bereichen:
1. Frühzeitiges Erkennen und Akzeptieren von Risikosituationen
2. Einsatz geeigneter Gedanken und Verhaltensweisen zur Erreichung und Aufrechterhaltung der Abstinenz
3. Ablehnungstraining
4. Wahrnehmung und Aktivierung persönlicher Fähigkeiten
5. Steigerung des Selbstvertrauens
6. Bewältigung des Rückfallschocks

Für eine zukünftig stabile Abstinenzsicherung sind darüber hinaus auch Modifikationen im Lebensstil des Patienten (Marlatt, 1985) und der Aufbau sozialer sowie kommunikativer Kompetenzen (Monti et al., 1986) eine notwendige Voraussetzung.

5.2
Bausteine des RPT

Grundlage für das Konzept waren Erfahrungen während einer Hospitationsphase in der Universitätsklinik zu Lübeck. In diesen Wochen haben die Autoren gemeinsam mit den Patienten jedes Angebot der Motivationstherapie persönlich erlebt. Für die Entwicklung des RPT waren diese praktischen Erfahrungen sowie die ausgiebige Analyse der Forschungsliteratur sehr hilfreich. Wissenschaftliche Studien weisen auch auf die Bedeutung des zeitlichen Rahmens eines RPT hin. Danach sollte es mindestens 12 bis 35 Stunden umfassen (Chaney et al., 1978; Boyatzis, 1976). Ein kürzeres RPT zeigt weder primär noch sekundär rückfallpräventive Effekte (Rist und Watzl, 1983).

Das RPT enthält Bausteine, die bei den Patienten zu Verbesserungen in folgenden Bereichen führen sollen:

1. **Informationen und Basiswissen zur Rückfallproblematik**
2. **Techniken zur Entspannung**
3. **Analyse von individuellen Risikosituationen**
4. **Aufbau von Copingstrategien und Aktivieren von Ressourcen**
5. **Einübung neuer Verhaltensweisen im Rollenspiel**

Begründung für die Auswahl der Trainings-Bausteine:

- **Informationen und Basiswissen zur Rückfallproblematik**
Im Sinne der Patientenschulung (Meichenbaum & Turk, 1994) ist die Vermittlung von Informationen zum Rückfallgeschehen motivationsfördernd und unabdingbar für einen positiven Verlauf der Therapie.

Auch Lindenmeyer (1994) weist in seinem Buch "Lieber schlau als blau" auf die zentrale Bedeutung der Wissensvermittlung hin. Danach ist es für die Betroffenen wichtig, die Entwicklung ihrer Abhängigkeit und das therapeutische Vorgehen bei der Behandlung zu verstehen und zu verinnerlichen. Denn nur wer über diese Dinge Bescheid weiß, kann seine eigene Therapie aktiv und möglichst selbstbestimmt gestalten bzw. die Behandlung von anderen wirkungsvoll unterstützen.

• **Entspannungsübungen**
Verfahren zur Relaxation haben als Basisbehandlung erhebliche Bedeutung in der Therapie alkoholabhängiger Menschen (Feuerlein, 1989). In belastenden Situationen, in denen die Patienten Angst, Spannung und Streß empfunden haben, diente Alkohol zur Kompensation. Das Erlernen eines Entspannungstrainings kann ein adäquates Bewältigungsverhalten zur Regulierung affektiv-physiologischer Erregungszustände darstellen. Auf diesem Wege kann das Erleben von Selbstwirksamkeit und Kontrolle in streßbesetzten Situationen sukzessiv aufgebaut werden (Arend, 1994).

• **Analyse von individuellen Risikosituationen**
Prävention zielt besonders darauf ab, daß Patienten zukünftig nicht völlig ahnungslos und unvorbereitet in persönlich bedeutsame Risikosituationen kommen. Dem Verlust der Abstinenzzuversicht durch mögliche automatische Rückfallgedanken, dem Auftreten von Craving und sozialen Versuchungssituationen kann in effektiver Weise mit einem individuellen "Frühwarnsystem" begegnet werden. Voraussetzung dafür ist eine Sensibilisierung der Wahrnehmung in bezug auf innere und äußere Signale der Gefährdung. Eine Analyse bisher bekannter individueller Risikosituationen ist für eine angemessene kognitive Verarbeitung notwendig (Lindenmeyer, 1994).

• **Aufbau von Copingstrategien und Aktivieren von Ressourcen**
Es ist wichtig, daß Patienten angemessene Fähigkeiten entwickeln zur Antizipation, Vermeidung und Relativierung der Wertigkeit der

Rückfälle, um diese nicht in eine Katastrophe münden zu lassen (Meichenbaum & Turk, 1994). Rückfälle können in unterschiedlichen Situationen auftreten. Sozialer Druck, zwischenmenschliche Konflikte, belastende Emotionen, Finanzprobleme oder Entzugserscheinungen können die Gründe sein. Durch verschiedene Interventionen möchten wir die Aufmerksamkeit der Patienten auf ihre eigenen Stärken und bereits erworbenen Bewältigungsstrategien lenken. Im Laufe ihres Lebens haben die Patienten viele Anforderungen erfolgreich gemeistert und verfügen darüber hinaus über viele - oftmals nicht bewußte und vergessene - Kompetenzen.

Diese Ressourcen können mobilisiert und zur Abstinenzsicherung genutzt werden:

1. **Individuelle Ressourcen** - Mentale und kognitive Strategien wie Fähigkeiten, Ideen und Erfahrungen sowie Schulbildung und berufliche Qualifikationen.
2. **Soziale Ressourcen** - Familie, Freunde, Arbeitskollegen, Mitglieder der Selbsthilfegruppe
3. **Materielle Ressourcen** - Gute Wohnverhältnisse, solide finanzielle Situation und persönlicher Besitzstand

Im Rahmen des RPT wird die Aufmerksamkeit auf die Ressourcen unter Punkt 1 und 2 gerichtet.

- **Einübung neuer Verhaltensweisen im Rollenspiel**

Aus der therapeutischen und pädagogischen Praxis ist bekannt geworden, daß die konkrete Darstellung von Problemen im Rollenspiel ein extrem hohen Lerneffekt hat, da Lösungsstrategien nicht diskutiert, sondern konkret geübt werden (Innerhofer, 1977). Der Lerneffekt ergibt sich aus einer tieferen emotionalen Beteiligung des "Protagonisten" (= Patient) als in reinen Gesprächsrunden. Ein weiterer Vorteil ist, daß es die Möglichkeit gibt, Lösungen unmittelbar in einem geschützten Rahmen ausprobieren zu können. Versuchungssituationen können möglichst realistisch durchgespielt und dabei die eigenen Verhaltensmöglichkeiten schrittweise verbessert werden.

5.3
Konzeption der Trainingsstruktur

Die formale Gliederung des RPT ergibt sich aus dem Konzept der Motivationstherapie in der Universitätsklinik Lübeck. Danach stehen insgesamt drei Termine mit jeweils vier Stunden zur Verfügung. Das Programm läßt sich jedoch auch in andere Settings flexibel einpassen.

An jedem Trainingstag wird ein Themenschwerpunkt gesetzt. Er ist in sich abgeschlossen, steht aber in logischem Zusammenhang mit den anderen Sitzungen - unter dem Dach der "Rückfallprävention". Die unterschiedlichen Dimensionen des Rückfallgeschehens sind dadurch auch für den Patienten nach-vollziehbar. Eine sinnvolle Verbindung der einzelnen Trainingstage wird durch eine "Dokumentations-Mappe" hergestellt, die jeder Patient zu Beginn der ersten Sitzung erhält. Sie enthält biographische Erhebungen, Fragebögen zum täglichen Befinden und Arbeitsblätter, die als "Hausaufgaben" zur jeweils nächsten Sitzung ausgegeben werden.

Die Trainingstage haben - unabhängig von ihren Schwerpunkt-Themen - einen analogen Ablauf und bestehen jeweils aus drei Blöcken, die durch Pausen voneinander getrennt sind.

Der **erste Teil** ist das "warming up". Die Patienten und Therapeuten stellen sich vor (Kap.7.3). Dieser Schritt ist notwendig wegen der zeitlichen Abstände zwischen den RPT-Sitzungen und dem Hinzukommen neuer Patienten. Es werden Informationen zum Trainingsablauf und Instruktionen zur Dokumentationsmappe gegeben. Der Einstieg in das jeweilige Schwerpunkt-Thema des Trainingstages bildet den Abschluß.

Der **zweite Teil** beginnt mit einer Aktivierungsübung, die aus zwei Teilen besteht. Körperliche Bewegung nach schneller rhythmischer Musik und anschließend meditative Entspannung.

Nachfolgend werden Informationen zu verschiedenen Aspekten des Rückfallgeschehens vermittelt. Außerdem stellen die Patienten ihre Hausaufgaben von der vergangenen Woche im Plenum vor. Die neuen Patienten können bereits mitmachen, weil sie im Vorwege von „Paten" eingewiesen worden sind. Daran schließen sich praktische Übungen an.

Im **dritten Teil** werden die praktischen Übungen fortgesetzt. In einem
weiteren Theorie-/ Praxisblock findet eine Vertiefung des Themas des
zweiten Teils statt oder es wird ein zusätzliches eingeführt.
In der letzten Viertelstunde erhalten die Patienten Arbeitsblätter für
die nächste Woche und können in einer Abschlußrunde ihre Bewertung der jeweiligen Sitzung vornehmen.

5.4
Arbeitsmaterialien für das Training

Jeder Patient erhält eine Dokumentationsmappe, in der Fragebögen
und Arbeitsblätter des RPT als Grundlage für die empirische Auswertung gesammelt werden.
Im Einzelnen handelt es sich dabei um folgende Instrumente zur
Datenerhebung:
1. Fragebogen: Persönliche Daten
Soziodemographische Variablen und therapeutische Vorerfahrungen
werden erhoben.
2. Tagebuch-Fragebogen
Ein Selbstbeurteilungsbogen, der täglich auszufüllen ist. Er enthält
fünf Fragenkomplexe zu: Risikosituationen, Craving,
Therapiemotivation, Zufriedenheit und positiven Erlebnissen.
3. Arbeitsblatt I: Erfolgreiche Bewältigung von Risikosituationen
Zuerst dürfen die Patienten eine *erfolgreich* bewältigte Risikosituation
ganz ausführlich beschreiben. Dann schließt sich die Reflexion des
eigenen Verhaltens und das Erkennen persönlicher Fähigkeiten an.
4. Arbeitsblatt II: Pro & Contra
Persönliche Argumente, die für ein abstinentes Leben und gegen
weiteren Alkoholkonsum sprechen, werden gesammelt.
5. Vertrag: Persönliche Sicherheit
Vertrag über Hilfsmaßnahmen bei Abstinenzgefährdung oder -
beendigung mit einer/ bzw. zwei Vertrauenspersonen.
6. Rückfallkette und Rückfall-Fragebogen
Analyse und Einordnung bisheriger Rückfälle in das Vier-Stufen-
Modell nach Lindenmeyer (1994). Anhand eines Fragebogens wird
die aktuelle Gefährdung bezüglich fiktiver Rückfallsituationen
geprüft.

Kapitel 6
Therapeutische Grundhaltung
Jeder kann sein Leben positiv verändern!

Unsere jahrelange Erfahrung in der Durchführung des RPT hat bestätigt, daß ein strukturiertes Programm und ausgewählte Interventionen unabdingbar sind. Die Wirksamkeit hängt jedoch ganz wesentlich von der Einstellung, der Grundhaltung und den innersten Glaubenssätzen des Therapeuten ab. Denn: Nur wer das Feuer in sich selbst trägt, kann es auch in anderen entzünden. Die Chance für eine vertrauensvolle Zusammenarbeit gibt es nur, wenn eine tragfähige Beziehung zwischen Therapeut und Klient (= Patient) vorhanden ist. Sie ist die Basis für die Einleitung von Veränderungsprozessen.

Wir glauben: *Jeder Klient hat die Chance, sein Leben positiv zu beeinflussen.* Unabhängig von seinem Zustand und seiner Lebenssituation . Um die notwendige Motivation aufzubauen und zu erhalten, ist allerdings das Prinzip der kleinen Schritte und der realistischen Zielsetzung oberstes Gebot.

· • **Fähigkeiten im Focus!** Unser Arbeitsansatz ist konsequent ressourcen- und zukunftsorientiert. Unser Motto: Fähigkeiten im Focus! Für viele Klienten ist diese Perspektive überraschend und ungewohnt. Ihr Selbstbild ist in hohem Maße von Problemen, Unzulänglichkeiten und Mißerfolgen geprägt. Ihre Identität bezeichnen sie selbst oft mit der stereotypen Bemerkung „Ich bin Alkoholiker". Damit dies nicht der Leitsatz ihres Lebens bleibt, interessieren wir uns für ihr Modell der Welt und bestätigen zunächst seine Berechtigung. Eine vorsichtige, respektvolle Korrektur ihrer Sichtweise ist jedoch notwendig. Unser zentrales Anliegen ist, daß die Klienten wieder Lust bekommen, ihr eigenes Leben aktiver und zufriedenstellender zu gestalten. Wir geben Komplimente, Anerkennung und achten darauf, daß durch Humor und eine angemessene Zuversicht das Selbstvertrauen der Klienten gestärkt wird.

- **Rückfall - ein (mißlungener) Lernversuch -** In der traditionellen Suchtbehandlung stehen eher die Defizite der Klienten im Mittelpunkt. Besonders der Rückfall wird abwertend und resignativ betrachtet. Wir schließen uns jedoch einer deutlich anderen Sichtweise an. Der Rückfall gilt hier als Vorfall in einem kontinuierlichen Veränderungsprozeß (Körkel, 1993).

Danach ist der Rückfall ein Versuch, Lebensprobleme zu bewältigen. Eine Lösungsstrategie, die mit einem hohen Preis verbunden ist und dem Betroffenen nur wieder die eigene Insuffizienz vor Augen führt. In unserem Vorgehen wird der Rückfall als Ausgangspunkt für zukünftiges Lernen genutzt.

- **Lernen bedeutet: Eingefahrene Gleise verlassen. -** Die Klienten haben viele Jahre ihres Lebens nach der Strategie „mehr desselben" gehandelt. Rigides Verhalten und Erleben haben den persönlichen Spielraum stark eingeengt. Wir unterstützen die Klienten dabei, ihren Blickwinkel zu erweitern und Wahlmöglichkeiten zu erarbeiten und zu nutzen.

Unsere wichtigste Arbeitshypothese ist: *Die Klienten sind Experten für ihr Problem, wir sind Experten für den Prozeß.*

Aus dieser gleichberechtigten, aber arbeitsteiligen Kooperation entstehen brauchbare Lösungen. Sie erzeugen eine starke Motivation und einen hohen Grad der Akzeptanz, da die Klienten ihre eigenen Ressourcen nutzen. Sie erleben sich im besten Sinne als selbstwirksam.

- **Training statt Therapie!** Lernen geschieht besonders intensiv, wenn Informationen interessant und für alle Sinne anregend dargeboten werden. Standard ist für uns eine moderne Seminardidaktik aus der Erwachsenenbildung. Ein abwechslungsreiches und durchdachtes Trainingsdesign ist das Fundament. Es besteht aus klaren, verbindliche Strukturen und flexiblen Freiräumen, die sich am Gruppenprozeß orientieren.

Zum Trainingsdesign gehören:

- zeitlich strukturierter Trainingsplan;
- Visualisierung über Flipchart, Poster oder Metaplantechnik;
- einfache, bildhafte Sprache;
- kreative Einzel- und Kleingruppenarbeit;
- Reflexionsphasen im Plenum;
- Rollenspiele und Feedback zur Vertiefung emotionalen Erlebens;
- Aktivierungs- und Entspannungsübungen.

- **Die Sinne scharf stellen.** - In der Praxis ist es wichtig, die Klienten immer im Blick zu behalten und die eigene Wahrnehmung auf „Dauer-Empfang" zu schalten. Überaus nützlich dafür ist aufmerksames Kalibrieren. Das ist eine Technik präziser Beobachtung aus dem Neurolinguistischen Programmieren (NLP). Physiologische Ver-änderungen der Klienten werden systematisch beobachtet und als Grundlage für gezielte Fragen nach dem inneren Erleben genutzt. Menschen können nur ganzheitlich reagieren. Emotionen, Kognitionen und somatische Prozesse sind zirkulär und komplex miteinander verwoben.
Gerade die feinsten und eben noch wahrnehmbaren unbewußten physiologischen Reaktionen der Klienten können nutzbringend erfaßt und für die weitere Kommunikation unterstützend eingesetzt werden. Im NLP werden diese Signale als „minimal cues" bezeichnet. Therapeuten können diese Hinweise auf zwei Ebenen nutzen. Einerseits können beobachtete Veränderungen der Anlaß zu gezielten Fragen nach dem inneren Erleben sein. Andererseits können geschulte Therapeuten erkennen, ob spezielle Fragen den Zugang zu persönlichen Ressourcen ermöglichen. Sobald ein Mensch sich positive Erfahrungen und Imaginationen ins Bewußtsein holt, reagiert gleichzeitig das autonome Nervensystem (z.B. Atemfrequenz, Vasodilatation/ -konstriktion, Sekretion der Tränenflüssigkeit, Muskeltonus). Unprofessionellen Interpretationen und vagen Vermutungen werden dadurch ein Riegel vorgeschoben. Dieses schützt den Klienten und respektiert sein individuelles Erleben. Gleichzeitig werden Therapeuten entlastet, da sie sich weniger in vorhandene Phantasien verstricken können.

Kapitel 7
RPT-Manual
Praktischer Leitfaden für Therapeuten

Der theoretische Hintergrund des RPT sowie allgemeine Überlegungen zu Trainings-Zielen und - Bausteinen wurden in Kap. 5 dargestellt. Jetzt folgt das Herzstück des Buches - der praktische Leitfaden für Therapeuten.
Der strukturelle Ablauf und das Design der Interventionen werden für jeden Trainingstag präzise erläutert. Der Umfang des Programms ist variabel und kann je nach Bedarf in unterschiedliche stationäre und ambulante Behandlungskonzepte eingepaßt werden. Für die einzelnen RPT-Sitzungen empfehlen wir eine Dauer von drei bis vier Stunden. Ein intensiver Gruppenprozeß mit thematischem und emotionalem Tiefgang benötigt ausreichend Zeit.

7.1
Standard-Elemente des Trainings

Die Trainingstage haben einen analogen Aufbau mit unterschiedlichen Themenschwerpunkten. Jeder Tag ist in drei Blöcke unterteilt, die durch 15minütige Pausen voneinander getrennt sind. Einige Standard-elemente kehren an jedem Trainingstag wieder.

Dazu gehören:
- **Begrüßungs- und Vorstellungsrunde**
- **Ausgabe der Dokumentationsmappen**
- **Programm-Überblick**
- **Arbeit an Schwerpunktthemen**
- **Aktivierung nach Musik**

- **Entspannungsübung**
- **Abschlußrunde**
- **Arbeitsaufträge für die nächste Woche**

Der strukturierte und analoge Aufbau soll eine schnelle Vertrautheit mit dem RPT fördern. Formale Erklärungen zur Durchführung werden somit auf ein Minimum reduziert, da die Patienten im Voraus wissen, wie die jeweiligen Trainingstage ablaufen werden. Festgelegte Strukturen erhöhen auch auf einer unbewußten Ebene die Sicherheit für die Patienten. Gleichzeitig werden deutliche Grenzen gezogen, die gerade Alkoholabhängige im Rahmen ihrer Suchtentwicklung verloren haben.

7.2
Design und Methodik

Das RPT-Setting ist komplexer als traditionelle psychotherapeutische Gruppen-Sitzungen. Struktur, Interventionen und Gestaltung (Design) liegen auf dem Niveau moderner Seminardidaktik in der Erwachsenenbildung.
Das Plenum hat eine zentrale Funktion für alle Teilnehmer und Interventionen. Dort werden Instruktionen gegeben, In-formationen ausgetauscht und Erlebnisse in der Gruppe reflektiert.
Arbeitsaufträge hingegen sind in Kleingruppen oder als Einzelreflexion durch zu führen. Zusätzlich erfolgt "Frontalunterricht" in Form von Kurzvorträgen zu den Schwerpunktthemen (z.B Stufen des Rückfallgeschehens). Um Erklärungen zu verdeutlichen, ist es sinvoll großformatige Poster und Zeichnungen sowie Visualisierungen an Flipchart und Tafel zu nutzen. Das Ziel ist, anregendes und abwechslungsreiches Lernen über alle Sinneskanäle zu ermöglichen.
Neben der inhaltlichen Strukturierung ist die Steuerung gruppendynamischer Prozesse wichtig. Das bedeutet, die Interaktion und Kommunikation der Patienten genau zu beobachten und nach Bedarf zu intervenieren.

Die Gruppendynamik wird beeinflußt durch:

- Persönlichkeit und psychische Disposition der Einzelnen
- die Zusammenstellung von Kleingruppen
- die Auswahl der Protagonisten für Rollenspiele
- die Förderung von direktem Feedback im Plenum
- die Länge von Arbeitsphasen und Pausen
- die Aufteilung und Nutzung der Räumlichkeiten

Die „Energie" der Gruppe

Die jahrelange Erfahrung hat uns gezeigt, wie wichtig es ist, mit dem „Energiepotential" einer Gruppe zu arbeiten. Es besteht aus dem Grad der Konzentration, der emotionalen Intensität, der inneren Beteiligung und der Dialogfähigkeit der Teilnehmer. Diese Kriterien sind schwer operationalisierbar, aber jeder erfahrene Praktiker kennt ihre Wirksamkeit im Gruppengeschehen.

Um mit dieser „Energie" konstruktiv zu arbeiten, brauchen Therapeuten oder Trainer eine gute Wahrnehmung, Vertrauen in die eigene Intuition sowie ein solides Wissen über Kommunikationspsychologie und Gruppendynamik. Gründliche Selbsterfahrung und die Möglichkeit zur Reflexion oder Supervision halten wir im Umgang mit Abhängigen für unabdingbar.

Trainingsmanual:

Rückfallprävention

- **Risikosituationen**
- **Rückfallbewältigung**
- **Ressourcen**

7.3
RISIKOSITUATIONEN

ABLAUF	ZEIT
Begrüßung **Vorstellung & Bilanz der Woche** **Dokumentationsmappen**	30 Min.
Plenum: Generelle Risikofaktoren **Zweier-Interview:** Coping	45 Min.
Pause	15 Min.
Aktivierung nach Musik - Bewegung & Meditation -	15 Min.
Plenum: Risikosituationen - Vorstellung der Interviews - **Rollenspiel I:** Bewältigungsstrategien	60 Min.
Pause	15 Min
Rollenspiel II: Bewältigungsstrategien	30 Min.
Aufträge zum nächsten RPT: Pro-& Contra-Argumente	30 Min.
Entspannungsübung	
Abschlußrunde	

7.3
Trainingstag: Risikosituationen
Block I: 75 Min.

Begrüßung und Vorstellung
Zu Beginn der Sitzung stellen sich die Therapeuten vor. Ihre Namen und ein Begrüßungssatz (z.B. Herzlich willkommen zum RPT) sind auf einem Flipchart gut sichtbar aufgeschrieben. Die Patienten werden über Ziele und Bedeutung der Rückfallprävention aufgeklärt. Metaphern sind dafür besonders gut geeignet Die Sprache sollte möglichst einfach und klar sein. (z.B. Auch wenn die Brandgefahr gering ist, geben Feuerwehrübungen Sicherheit - sie bereiten auf den Ernstfall vor.)

Für die Vorstellungsrunde der Teilnehmer sollte ausreichend Zeit eingeplant werden. Beziehungsaufnahme und Vertrauensbildung sind für den Arbeitsprozeß äußerst wichtig. Die Patienten können ihre Lebenssituation darstellen und von aktuellen Entwicklungen berichten.

Die Vorstellungsphase wird gruppendynamisch interessanter, wenn ein spielerisches Element benutzt wird (z.B. ein kleiner Ball). Es dient der Kontaktaufnahme und Fokalisierung der Aufmerksamkeit. So wird stures 'der-Reihe-nach-Abfragen' verhindert und ein Überraschungsmoment eingeführt.

Die Anfangsrunde ist klar strukturiert. Je nachdem wie oft die Patienten schon am RPT teilgenommen haben, werden unterschiedliche Themen und Schwerpunkte exploriert.

Exkurs
In Anlehnung an Konzepte der systemischen Therapie und Beratung ist es wichtig, Fragen so zu stellen, daß Patienten nicht in der gewohnten Art über ihr Problem nachdenken, sondern zu neuen Perspektiven geführt werden.

Erfahrungsgemäß schildern Betroffene zuerst ihre „Suchtkarriere" („Ich bin seit 20 Jahren Alkoholiker.") - der Focus ihres Denkens ist ausschließlich auf ihre Defizite und Mißerfolge gerichtet. Daneben sind Kompetenzen, Zeiten der Abstinenz und positive Erlebnisse aus dem Blickfeld geraten. Es lohnt sich daher, nach einer kurzen Phase der Problembeschreibung umzuschwenken und auf die Suche nach Erfahrungen, Ideen und Fähigkeiten zu gehen, die den Patienten neue Möglichkeiten jenseits des Problems eröffnen.

1. Fragen an „Neuankömmlinge":
Zuerst geht es um die Basisdaten wie Name, Alter, Familienstand und Beruf. Detaillierte Informationen erhalten wir über folgende Fragen:
- Was ist passiert, daß Sie ausgerechnet jetzt an einer Therapie teilnehmen? (Was ging der Aufnahme voraus?)
- Wie haben Sie sich für die Therapie entschieden?
- Wann haben Sie das erste Mal gedacht, daß Sie mehr trinken als Ihnen gut tut? Und wer außer Ihnen hat dieses auch wahrgenommen?
- Wann war Ihre letzte Abstinenzphase und was haben Sie in dieser Zeit anders gemacht?
- Welche ihrer Fähigkeiten hat Ihnen am meisten dabei geholfen, trocken zu bleiben?
- Angenommen Sie würden Ihr Problem zunehmend besser in den Griff bekommen, was möchten Sie in Ihrem Leben anders machen?
- Stellen Sie sich vor, Sie haben die Motivationstherapie erfolgreich abgeschlossen und sind seit drei Monaten abstinent. Was sind die wichtigsten Erfahrungen, die Sie gesammelt haben?
- Wer hat außer Ihnen Interesse daran, daß Sie ihrem Leben eine positive Wendung geben?
- Was läuft im Moment eigentlich ganz gut in Ihrem Leben und sollte so bleiben?

2. Fragen an Patienten, die das RPT bereits kennen
Diese Teilnehmer ziehen ein persönliches Fazit der vergangenen Woche, besonders auch des Wochenendurlaubs. Die Informationen der Patienten aus den letzten Sitzungen helfen, gezielte Fragen zu stellen, die sich auf ihre Ressourcen beziehen. Je nach Lebenssituation werden besonders Aktivitäten betrachtet, die sie allein, mit Kindern, Ehepartnern oder Freunden unternehmen. Zum Abschluß werden Ziele und Wünsche für den Fortgang der Therapie erfragt.

- Wer hat als Erster bemerkt, daß sich bei Ihnen schon etwas verändert hat?
- Was möchten Sie in der verbleibenden Zeit hier noch lernen?
- Welche Schwierigkeiten müssen noch geklärt werden, bevor Sie mit einem guten Gefühl nach Hause gehen können?
- Was kann Ihnen dabei helfen, zukünftig abstinent zu leben?
- Wenn Sie an Ihre baldige Entlassung denken, wie möchten Sie sich hier verabschieden und was wünschen Sie sich von den Mitpatienten und den Mitarbeitern?

Wenn Patienten Probleme haben, ihre eigenen Fortschritte zu erkennen, kann die Gruppe um eine Einschätzung gebeten werden.

Dokumentation

Im Anschluß an die Vorstellungsrunde werden die Dokumentations-mappen an die neuen Teilnehmer verteilt. Sie bestehen aus einer Checkliste zu persönlichen Daten und sieben Tagebuch-Fragebögen für die kommende Woche. Hinweise auf die vertrauliche Behandlung der Daten (z.B. Codierung der Namen) sollten deutlich gegeben werden, um normalen Befürchtungen und Ängsten entgegen zu wirken.

Persönliche Daten:
Erhebung der soziodemographischen Angaben der Patientengruppe. Dazu gehören Namen, Alter, Wohnort, Familienstand, Kinder, Schulausbildung, beruflicher Qualifikation und zuletzt ausgeübter Tätigkeit (z.B. auch Arbeitslosigkeit). Interessant sind auch bisherige Therapieerfahrungen.

Tagebuch-Fragebogen:
Der Tagebuch-Fragebogen besteht aus fünf komplexen Fragen zu Risikosituationen, Craving, Therapiemotivation, Zufriedenheit und positiven Erlebnissen.

Frage 1:
Gab es heute eine Risikosituation?
Wenn ja, was genau habe ich erlebt?

Diese Frage ist zunächst mit ;Ja' oder ;Nein' zu beantworten. Falls eine Risikosituation stattgefunden hat, interessiert zusätzlich der Kontext und Ablauf.

Begründung: Risikosituationen sind die Ereignisse, in denen sie in der Vergangenheit gefährdet waren, erneut Alkohol zu konsumieren.

Diese Situationen können auch während der stationären Therapie auftreten, da die Patienten das Klinikgelände verlassen dürfen und dadurch prinzipiell die Gelegenheit haben, sich Alkohol zu beschaffen.

Frage 2:

Hatte ich heute Verlangen ("Jieper") nach Alkohol?

Auch diese Frage ist mit ‚Ja' oder ‚Nein' zu beantworten.

Begründung: Aus Forschungsergebnissen wurde deutlich, daß Patienten gerade in der Anfangsphase nach der körperlichen Entgiftung ein starkes Verlangen nach Alkohol spüren. Dies kann eine normale Folgeerscheinung sein, wie auch bei der Entwöhnung anderer Suchtmittel (z.B. Rauchen).

Frage 2a:

Wenn ja, wie stark?

Auf einer Rating-Skala von 0 bis 10 kann die Stärke des Verlangens eingeschätzt werden.

Frage 3:

Habe ich heute an einen möglichen Abbruch der Therapie gedacht?

Wenn ja, was ist mir dabei durch den Kopf gegangen?

Diese Frage ist zunächst ebenfalls mit Ja oder Nein zu beantworten. Wenn Gedanken an einen Abbruch auftauchen, sind Informationen zu den Hintergründen dieses inneren Konflikts aufschlußreich.

Begründung: Eine Untersuchung von Küfner et al. (1986) auf der Basis einer Stichprobe von N = 1410 Personen ergab, daß 16,7 % der stationär behandelten Patienten die Therapie abbrechen. Die Erfahrung zeigt jedoch, daß fast alle Patienten gelegentlich an diesen Schritt denken. Jedoch sind keine empirischen Daten verfügbar, die diese Motivationskrisen belegen.

Frage 4:

Wie zufrieden bin ich mit dem heutigen Tag?

Die Patienten können auf einer Selbstbeurteilungs-Skala das Ausmaß ihrer Zufriedenheit angeben.

Drei Kategorien stehen zur Verfügung: „gar nicht" - „mittel" - „sehr". Die damit verbundenen psychischen Verfassungen sind durch Gesichter ("Smilies") gekennzeichnet.

Begründung: Interessant sind Schwankungen und Veränderungen der Zufriedenheit während der Therapie.

Frage 5:

Was habe ich heute als positiv erlebt?

Im Mittelpunkt unseres RPT stehen die Mobilisierung von Ressourcen und die Orientierung der Patienten auf die Zukunft. Detaillierte Erläuterungen zur therapeutischen Grundhaltung haben wir bereits gegeben (Kap. 6). Diese Ziele werden in allen Interventionen verfolgt. Bei der Vorstellung der Dokumentationsmappen in den einzelnen RPT-Sitzungen ist es notwendig, der Besprechung dieser Frage viel Zeit einzuräumen. Sechs standardisierte Kategorien stehen zur Auswahl. Einzel- und Mehrfachnennungen sind möglich. Zusätzlich gibt es bei Frage 5 die Möglichkeit, diese Nennungen in freier Form zu ergänzen. Die vorgegebenen Kategorien lauten wie folgt:

• **Aktivitäten mit anderen Patienten**

Begründung: Soziale Kontakte stellen eine wichtige Ressource dar. Alkoholabhängige haben in diesem Bereich oftmals Defizite. Sie haben wenig positive Beziehungen, ihr Umfeld besteht hauptsächlich aus Alkoholabhängigen. Sie zeigen oft ein starkes Rückzugsverhalten und haben Schwierigkeiten, neue Kontakte aufzubauen.

• **Klärung von Schwierigkeiten**

Begründung: Ein häufiger Grund für den Alkoholkonsum besteht in der Unfähigkeit, Probleme und Konflikte des täglichen Lebens zu lösen. Klärung von Schwierigkeiten sind ein wichtiger Indikator für Fortschritte in der Therapie und die Grundlage für ein abstinentes Leben. Dazu zählen auch Aktivitäten wie Behördengänge, Bewerbungsgespräche und Wohnungssuche, die parallel zur Therapie geregelt werden.

- **In der Therapie etwas gelernt**

Begründung: Mit dieser Frage werden die Patienten dazu angeleitet, am Ende des Tages die Erlebnisse aus den verschiedenen Therapiesitzungen Revue passieren zu lassen. Dabei können sie sich vergegenwärtigen, ob sie neue Informationen, Erkenntnisse und Fähigkeiten erworben haben.

- **Kontakte zu Angehörigen, Freunden und Arbeitskollegen**

Begründung: Häufig verändern sich soziale Kontakte der Patienten im Rahmen der Suchtentwicklung negativ. Engere Beziehungen zu Familie, Freunden und Arbeitskollegen können sich während der Therapie schrittweise verbessern und langfristig zu einer Regeneration des sozialen Umfelds führen. Die Motivation zur Abstinenz wird dadurch gestärkt.

- **Stationsklima**

Begründung: Ein stationärer Aufenthalt ist eine massive Veränderung der Intimsphäre und des gewohnten Lebens. Der Umgang der Patienten untereinander sowie das Verhältnis zum Pflegepersonal, den Therapeuten und Ärzten haben großen Einfluß auf die Therapiemotivation.

- **Momente von Wohlbefinden und Entspannung**

Begründung: Durch die Alkoholabhängigkeit ist bei vielen Patienten eine eingeschränkte und besonders negative Wahrnehmung entstanden. Momente von Genuß, Freude und Wohlbefinden sind den Betroffenen kaum noch bewußt. In der Reflexion des Tages kann die Aufmerksamkeit auf die positiven Erlebnisse gerichtet werden.

Exkurs

Der Tagebuch-Fragebogen ist eine Intervention, die eine permanente Reflexion des eigenen Verhaltens und Befindens anregt. Dies steht im Einklang mit den Zielen der Motivationstherapie, die in der Förderung der Introspektion die Voraussetzung für den Aufbau von Selbstkontrolle und -wirksamkeit sieht (Veltrup et al., 1995).

In verhaltensorientierten Therapieprogrammen ist die Methode der Selbstbeobachtung in Form eines Tagebuches ein klassischer Bestandteil. Meichenbaum & Turk (1994) betonen, daß diese Intervention unverzichtbar für Verhaltensmodifikationen ist, da sie dem Patienten die Gelegenheit gibt, seine Selbstwahrnehmung zu schärfen.

Schwerpunktthema

Plenum: Generelle Risikofaktoren

In einer kurzen Einführung werden gut verständlich wesentliche Forschungsergebnisse zum Thema vorgestellt. Risikosituationen sind die Erlebnisse oder inneren Zustände, in denen sich die Patienten bislang als gefährdet erlebt haben. Sie endeten häufig mit Alkoholkonsum oder weniger oft mit erfolgreicher Bewältigung, also Abstinenzerhaltung. Die zentralen Kategorien von Risikosituationen sind:

1. **Unangenehme Gefühle**
   (z.B. Langeweile, Einsamkeit, Angst)
2. **Ärger- und Konfliktsituationen**
   (z.B. in Beruf oder Familie)
3. **Soziale Verführungssituationen**
   (z.B. Betriebsfeste, Geburtstage, Treffen mit Trinkkumpanen)

Exkurs

Erfahrungsgemäß ist es sinnvoll, Erklärungen und fachliche Informationen so einfach und deutlich wie möglich zu geben. Es gilt das Motto "den Patienten dort abzuholen, wo er sich befindet". Besonders wichtig ist dieses für Patienten, die einen geringeren Bildungsstand aufweisen oder die durch die Entzugsphase körperlich oder mental wenig belastbar sind. Zudem erleichtert die Verwendung griffiger Metaphern das Verständnis der Sachverhalte

Wissenschaftliche Erkenntnisse lassen sich gut durch einfache Visualisierungen vermitteln (z.B. Zu jeder Kategorie ein "Gesicht" aufmalen, welches den inneren Zustand des Betroffenen oder die soziale Situation symbolisiert; Lindenmeyer, 1994).

Im RPT können die Patienten ihre persönlichen Erfahrungen mit den vorgestellten Risikosituationen benennen. Sie sollten stichwortartig und gut sichtbar notiert werden (z.B. an einer Tafel).

Dieses Vorgehen ist Grundlage und Voraussetzung für den anschließenden Arbeitsauftrag.

Für die praktische Arbeit empfehlen wir, das Arbeitsblatt I „Erfolgreiche Bewältigung von Risikosituationen" großformatig auf Flipchart oder Metaplanwand zu zeigen. So können die Fragen im Detail besprochen und Verständnisprobleme geklärt werden.

Für die Durchführung der Übung ist es wichtig, den speziellen Arbeitsmodus genau zu erläutern. Jeweils zwei Patienten bilden ein Tandem und interviewen sich gegenseitig. Nach der Struktur des Arbeitsblattes I werden Erfahrungen mit Risikosituationen und benutzte Copingstrategien abgefragt. Im Anschluß stellen die Patienten im Plenum dann auch jeweils ihren Interviewpartner vor. Es hat sich bewährt an dieser Stelle nochmals den Hinweis zu geben, daß die erfolgreiche Bewältigung einer Risikosituation die „schlummernden" Fähigkeiten verdeutlicht und diese Frage daher besonders sorgfältig beantwortet werden sollte.

Der Grund dafür ist, daß die Patienten zwar sehr schnell Mißerfolge erinnern, aber positive Erlebnisse, die mit eigener Bewältigungs-kompetenz verbunden sind, kaum wahrnehmen. Dieses Ungleichgewicht muß verändert werden.

Arbeitsblatt I: Erfolgreiche Bewältigung von Risikosituationen
Auftrag:
Ich wähle eine erfolgreich bewältigte Risikosituation aus meiner Erinnerung aus. Dann beschreibe ich anhand folgender Fragen genau, wie ich sie gemeistert habe.

Exkurs
Um die Patienten tiefer in diese Erfahrungen eintauchen zu lassen, sind Leitfragen hilfreich, da sie die Erinnerungen strukturieren. Vor der Interviewphase sollte sicher gestellt sein, daß jeder Patient eine erfolgreich bewältigte Risikosituation erinnert. Manchmal sind Patienten so massiv in negativer Selbstwahrnehmung verhaftet, daß Ihnen tatsächlich kein positives Erlebnis einfällt. Es gibt mindestens zwei nützliche Interventionen, um dieses Problem zu lösen.

1. **Humorvolle Provokation** nach dem Motto „Sie haben also noch nie 'Nein, gesagt und haben ihr Leben lang ununterbrochen getrunken? Das ist ja interessant, so einen Patienten hatten wir noch nie. Wie haben Sie das eigentlich geschafft?" Nach unserer Erfahrung müssen die Patienten auf diese paradoxe Intervention reagieren. In jedem Fall wird das Wahrnehmungsmuster positiv verändert.

2. **Hinweis auf die aktuelle Entscheidung, an der Therapie teilzunehmen.** In der Regel haben die Patienten unmittelbar vorher massive Trinkphasen erlebt. Die Teilnahme an der Therapie ist eine deutliche Musterunterbrechung, die einen aktiven Entschluß voraussetzt. Sich Hilfe und Unterstützung zu organisieren ist bereits eine erfolgreiche Bewältigungsstrategie.

Leitfragen des Arbeitsblattes I:

1. **Wann und wo hat diese Risikosituation stattgefunden?**
2. **War ich in dieser Situation allein oder waren andere Personen anwesend?**
3. **Was genau habe ich in dieser Situation erlebt ?**
   (Ablauf: Was habe ich getan, gedacht und empfunden?)
4. **Wie habe ich mich entschlossen, abstinent zu bleiben? Fähigkeiten/Erfahrungen haben mir am meisten bei der Bewältigung geholfen**?

Um dieses positive Erlebnis in der Erinnerung wiederzufinden, ist eine fiktive Prozeßinstruktion geeignet:
„Wenn ich an die Situation am 5. April 1997 zurückdenke; wo habe ich mich genau befunden; war ich allein oder waren andere Personen anwesend; was ist an diesem Tag vorher passiert und wie habe ich mich gefühlt; was genau habe ich getan oder gedacht. Wie habe ich mich entschieden, meine Gesundheit zu schützen?"
Es ist zu erwarten, daß allein die Nennung eines Datums und einfache Fragen in „Ich"-Form einen inneren Suchprozeß in Gang setzen und Patienten sich schneller an konkrete Situationen erinnern können.

Modus der Kleingruppenarbeit
Im Anschluß an diese Erklärungen werden die Arbeitsblätter sowie Kugelschreiber verteilt und die Tandembildung organisiert. Es lassen sich mehr neue Informationen erzielen, wenn Patienten kooperieren, die sich weniger gut kennen. Die Interviewphase dauert insgesamt 30 Minuten. Empfehlenswert ist das Nutzen verschiedener Räume, damit konzentriertes Arbeiten ohne Störungen möglich ist.
Während der Arbeitsphase sollten die Tandems betreut werden, um den ungewohnten Einstieg ins Interview zu finden.
Vor der Pause gibt es noch ein kurzes Treffen im Plenum. Erste Eindrücke zum Ablauf der Übung können geschildert werden.

Pause 15 Min.

Block II: 75 Min.

Aktivierung nach Musik: Bewegung & Meditation
Nach unserer Auffassung ist es notwendig im Rahmen des RPT, auflockernde und aktivierende Elemente zu integrieren. Die Konzentration und Motivation der Patienten wird durch einen gezielten Wechsel von Spannung und Entspannung erhöht. Für jede Sitzung wurden zwei unterschiedliche Musikstücke ausgewählt (z.B. Pop, afrikanische Musik, Klassik und Meditationsmusik).

Erste Phase
Zu schneller rhythmischer Musik werden im Stehen gemeinsam einfache Dehnungs- und Lockerungsübungen durchgeführt. Dabei gilt es besonders auf Patienten zu achten, die sich aufgrund des Entzugs in einer körperlich schlechten Verfassung befinden und sich daher in ihrer Leistungsfähigkeit leicht überschätzen. Auch Patienten, die seit längerer Zeit nicht mehr aktiv waren oder Hemmungen haben, brauchen Motivation durch die Therapeuten.
Zweite Phase
Die Patienten sitzen nun im Kreis. Sie werden gebeten, während der Entspannung nicht zu sprechen. Die Konzentration wird dadurch

gefördert. Im Mittelpunkt steht der Genuß und die bewußte
Wahrnehmung der Musik und begleitender innerer Prozesse. Zum
Abschluß ist es wichtig, daß die Patienten noch einmal in Bewegung
kommen, um ihre Aufmerksamkeit wieder nach außen zu richten.

Arbeitsblatt: Erfolgreiche Bewältigung von Risikosituationen
Vorstellung des Interviewpartners
Die Tandems stellen gegenseitig die Informationen aus der
Kleingruppenarbeit vor. Jeweils im Anschluß hat die Gruppe
Gelegenheit, Fragen zu stellen. Unklarheiten oder besonders wichtige
Aspekte können zur Diskussion gestellt werden. Die Bewältigungs-
strategien werden gleichzeitig an der Tafel stichwortartig gesammelt.
Im Sinne eines kollektiven Lernprozesses gibt es nach der Übung eine
Auswertungsrunde, in der jeder Patient persönliche Anregungen für
die zukünftige Abstinenzsicherung benennen kann.

Exkurs
Copingstrategien bilden das Herzstück der angestrebten Abstinenzsicherung. Die vorherige Aufgabe hatte die Funktion einer kognitiven
Analyse und Bearbeitung persönlicher Fähigkeiten. Für eine stabile
und bewußte Integration der Kompetenzen ist die praktische und
verhaltensorientierte Einübung äußerst wichtig. Rollenspiele stellen
ein ideales Medium dar, um im geschützten Rahmen einer Gruppe
Ideen und Handlungsstrategien umzusetzen und zu fördern.

Praktische Übung - Rollenspiel I:
Erfolgreiche Bewältigung von Risikosituationen
Während die Patienten ihre individuellen Risikosituationen vorstellen,
überlegen sich die Therapeuten bereits geeignete Protagonisten für das
Rollenspiel. Es kommen besonders Patienten in Frage, die noch sehr
unsicher in bezug auf zukünftige Abstinenz und ihre eigenen
Kompetenzen wirken. Ein Therapeut leitet das Rollenspiel an,
während der andere Gelegenheit hat, Verhalten und Reaktionen der
Gruppe zu beobachten.
Wie im klassischen Psychodrama ist der erste Schritt, eine imaginäre
Bühne zu entwickeln. Dort stehen Protagonist und Leiter, die anderen

Teilnehmer sitzen als Zuschauer im Halbkreis. Zunächst wird noch einmal die erfolgreich gemeisterte Risikosituation benannt und die genauen Umstände werden exploriert.

Nach diesem Eingangsinterview darf der Protagonist die Bühne nach seinen Vorstellungen einrichten. Als Requisiten dienen Gegenstände aus dem Therapieraum (z.B. Stühle, Blumenvasen, Fernbedienung der Musikanlage). Anschließend wählt der Protagonist für die Personen, die an der erinnerten Situation beteiligt waren, Mitspieler aus, die deren Rollen übernehmen. Hierbei ist eine vorsichtige und empathische Unterstützung wichtig, da diese Situation für viele Patienten ungewohnt ist.

Als „**warming up**" beschreibt der Protagonist die Verhaltensweisen und genauen Rollen der Mitspieler, um ihnen die Identifikation zu erleichtern. In Anlehnung an das Selbstsicherheitstraining (Ullrich & Ullrich, 1976) werden nur kurze Sequenzen der benannten Risikosituation ausgeführt. Die Länge des Rollenspiels hängt sowohl von der Einschätzung der Therapeuten als auch der Rückmeldung des Protagonisten ab, ob eine zufriedenstellende Lösung erreicht wurde.

Das Ende des Rollenspiels bildet das "**De-Roling**" (Moreno, 1959; Leutz, 1974). Die Teilnehmer werden aus ihren Rollen entlassen, um ihre reale Identität hervor zu heben. (z.B. "Vielen Dank fürs Mitspielen, Sie sind jetzt wieder Herr Meyer!"). Das bewirkt eine emotionale Trennung von den Erlebnissen im Rollenspiel. Im Anschluß findet ein "**Sharing**" statt, in dem die erlebte Sequenz von allen Patienten reflektiert wird. Der Protagonist hat sich exponiert und benötigt Feedback und Anteilnahme von der Gruppe. Alle anderen Patienten haben die Gelegenheit, Anregungen für neue Bewältigungs-strategien auf ihre eigene Situation zu übertragen.

Rollenspiele führen grundsätzlich zu einer höheren Aufmerksamkeit und lassen auch die zuschauenden Patienten emotional am Geschehen teilnehmen. Gerade nach reinen Gesprächsrunden ist diese Methode zu empfehlen.

Pause 15 Min.

<u>Block III: 60 Min.</u>

Praktische Übung - Rollenspiel II:
Erfolgreiche Bewältigung von Risikosituationen
Wie bei der ersten Rollenspiel-Sequenz wird wieder ein Protagonist
ausgesucht, der seine persönliche Risikosituation mit erfolgreicher
Bewältigung darstellt. Ablauf und Methodik entsprechen der
Beschreibung in Rollenspiel I.

Arbeitsaufträge : "Das erledige ich bis zum nächsten RPT..."
Die Dokumentationsmappen und die Arbeitsblätter dienen der
Verbindung der einzelnen Trainingstage. Wenn das Programm einmal
in der Woche durchgeführt wird, ist ein Brückenschlag zur nächsten
Sitzung wichtig. Darüber hinaus bleibt das Thema der
"Rückfallprävention" im Bewußtsein der Patienten. Ihre Vorbereitung
anhand der Arbeitsblätter führt zu einem schnellen thematischen
Einstieg und einer effizienten Bearbeitung in der nächsten Sitzung.
Um das Arbeitsblatt II: "Pro- & Contra-Argumente verständlich
erklären zu können, ist auch hier ein großformatiges Poster mit den
Instruktionen hilfreich. Eine ausführliche inhaltliche Beschreibung
zum Thema „Pro & Contra" wird in dem Kapitel 7.4 gegeben.
In halboffenen Gruppensettings ist das Prinzip der "Patenschaften"
geeignet, um Verantwortung und kooperatives Verhalten zu fördern.
Praktisch bedeutet dies, daß die Patienten den neuen Teilnehmern die
Arbeitsblätter aushändigen und präzise erklären. In der nächsten RPT-
Sitzung können diese dadurch sofort mitarbeiten und in die Gruppe
integriert werden.

Entspannungsübung
Diese Intervention ist ein wesentliches Standardelement des RPT. Im
Folgenden wird sie ausführlich anhand detaillierter Instruktionen
beschrieben.

Exkurs

Die Entspannungsübung ist bereits eine mögliche Copingstrategie für Risikosituationen. Sie ist eine gesunde Alternative zu der vertrauten Spannungsreduktion durch Alkoholkonsum. Mit dem Erlernen dieser Methode werden aktive und selbstregulierende Fähigkeiten im Patienten aufgebaut. Streßbesetzte Situationen und damit verbundene negative Stimmungen und Erregungszustände können besser bewältigt werden (Arend, 1994).

Für die Durchführung sind noch folgende Hinweise wichtig:
Diese Form der Entspannungsübung wurde von den Autoren selbst entwickelt. Sie ist entstanden in Anlehnung an folgende Konzepte:

- **Progressive Muskelentspannung** (Jacobsen, 1938)
- **Neurolinguistisches Programmieren** (Bandler & Grinder, 1981)
- **Moderne Hypnose** (z.B. Erickson, 1959)
- **Katathymes Bilderleben** (Leuner, 1985)

In der Hypnose ist der Aufbau einer **vertrauensvollen, kooperativen Beziehung** (Rapport) Voraussetzung für eine optimale Prozeßbegleitung. Der Therapeut muß die Gruppe während der Entspannungsübung genau beobachten.

Atmung, Körperhaltung und physiologische Veränderungen im Gesicht geben Aufschluß über den inneren Zustand des Patienten.

Eine präzise Wahrnehmung ist der „rote Faden" für den gesamten Ablauf der Übung, um auf das Tempo und Veränderungen der einzelnen Patienten eingehen zu können.

Die Anweisungen der Entspannungsübung sollten mit einer ruhigen aber deutlichen Stimme gesprochen werden. Kernsätze wie „Spüren Sie jetzt, wie im ganzen Körper die Spannung entweicht und tiefe Ruhe und Zufriedenheit sich ausbreiten..." oder „Während Sie jetzt schön weiter atmen, gehen Sie in Ihrer Erinnerung zu einer Zeit zurück..." werden auf die Ausatmung gesprochen und besonders betont. Dies fördert die Entspannung und induziert einen tieferen Trancezustand. Die Formulierungen der Instruktionen sind - wie die Beispiele zeigen - deshalb sehr allgemein gehalten, weil die Patienten eigene Phantasien und Assoziationen besser aktivieren können, wenn die Wortwahl auf einer sinnlich unspezifischen Ebene bleibt (Erickson, 1985).

Die Entspannungsübung besteht aus drei Phasen:

1. Einleitung
2. Systematische Muskelrelaxation
3. Geleitete Imagination

Die Einleitungs- und die Abschlußsequenz erfolgt in einer ausführlichen Darstellung, während die Progressive Muskelrelaxation nur kurz in ihrer systematischen Abfolge beschrieben wird.
Diese Übung sollte im Sitzen durchgeführt werden. Die Therapeuten nehmen unterschiedliche Rollen ein. Einer gibt die Instruktionen zur Entspannung, während der andere im Kreis der Patienten an der Übung teilnimmt. Diese Modellfunktion erhöht das Vertrauen und die Bereitschaft, sich auf die Entspannung einzulassen. Das ist wichtig, da einige Patienten Entspannungsübungen nicht kennen oder eher ängstlich und unsicher auf introspektive Methoden reagieren.

Einleitung
• Setzen Sie sich bitte bequem, aber mit einem geraden Rücken auf den Stuhl. Die Füße stehen fest und sicher parallel auf dem Boden. Die Hände liegen locker im Schoß oder auf den Oberschenkeln.
• Wenn Sie mögen, können Sie die Augen jetzt schließen, dies fördert die Aufmerksamkeit und die Ruhe. Es ist auch in Ordnung, Sie zunächst geöffnet zu halten und sie dann später zugehen zu lassen.
• Sie dürfen sich jetzt ganz auf Ihre Entspannung konzentrieren und während Sie mir mit einem Ohr zuhören, achten Sie zunächst einmal auf Ihre Atmung. Sie werden bemerken, daß sie wie eine Welle durch Ihren Körper läuft und daß sich ihr Brustkorb dabei hebt und senkt. Sie dürfen sich jetzt eine Weile auf diesen Rhythmus einstellen und die Atmung kommen und gehen lassen - ohne sie dabei zu kontrollieren.
• Und während Sie schön weiter atmen, können Sie bemerken, wie die Luft durch Ihre Nasenlöcher ein- und ausströmt. Gleichzeitig können Sie vielleicht die Temperatur oder Feuchtigkeit der Luft

- wahrnehmen und dabei die Atmung noch ein wenig tiefer werden lassen. Mit jedem Atemzug nehmen Sie frische, gute Energie auf - und geben anschließend bei jedem Ausatmen Sorgen und Belastung ab. Sie können sich vorstellen, daß die frische, gute Energie auch ein spezielles Licht oder ihre Lieblingsfarbe hat und daß sich dieses Licht durch die Einatmung in Ihrem ganzen Körper ausbreiten darf. Beim Ausatmen geben Sie dann wieder alles Negative und Belastende ab.
- Während Sie weiter atmen, können Sie jetzt bemerken, wie Ihr Kopf von der Wirbelsäule getragen wird - mit einem ganz speziellen Gewicht. Nun können Sie den Kopf vorsichtig hin- und herbewegen und feststellen, wie sich Ihre Nackenmuskulatur anfühlt.

Systematische Muskelrelaxation

Für eine bessere Übersicht sind im folgenden jeweils eine Übung für den Kopf/Nackenbereich, für die Arme und Schultern und für die Beine exemplarisch beschrieben. Jede Übung wird auch auf der anderen Körperseite (*contralateral*) durchgeführt, darauf wird nur kurz verwiesen.

- Versuchen Sie jetzt bitte langsam, ganz langsam das Kinn Richtung Brust zu bewegen. Genießen Sie die Bewegung, spüren Sie jeden einzelnen Wirbel und halten Sie den Kopf dort an, wo es für Sie noch angenehm ist. Verbleiben Sie einen Moment in dieser Position. Spüren Sie die Anspannung im Nacken und im oberen Rückenbereich - und jetzt richten Sie den Kopf langsam, wie in Zeitlupe, wieder auf. Spüren Sie den angenehmen und wohltuenden Unterschied. Nehmen Sie wahr wie die Spannung entweicht.
- *Jetzt wandern Sie mit dem Kopf langsam in den Nacken ...*
- Nun dürfen Sie den Kopf seitlich in Richtung rechte Schulter kippen, bitte wieder ganz langsam. Dort verharren Sie für einen Moment. Spüren Sie auf der Gegenseite die Spannung in der Halsmuskulatur und halten Sie die Spannung. Jetzt bringen Sie den Kopf wieder langsam in die Mittelposition zurück.

- *Und nun drehen Sie bitte den Kopf in die entgegengesetzte Richtung ...*
- Abschließend können Sie den Kopf noch einmal kreisen lassen, indem Sie wieder mit dem Kinn zur Brust wandern, über die rechte Schulter langsam in den Nacken rollen und von dort weiter zur linken Schulter bis Sie wieder vorne mit dem Kinn angekommen sind.
- *Und mit dem nächsten Atemzug können Sie den Kopf entgegengesetzt bewegen ...*
- Jetzt richten Sie den Kopf bitte auf und spannen Sie alle Muskeln ihres Gesichtes an, wie beim Grimassenschneiden. Halten Sie die Spannung für einen Augenblick und dann lassen Sie alle Muskeln wieder locker. Bemerken Sie jetzt, wie Ihr Gesicht, Ihr Nacken und der obere Rückenbereich entspannt und gelöst sind. Genießen Sie die zunehmende Ruhe und spüren Sie den Unterschied in der Durchblutung und der Temperatur.
- Nun strecken Sie bitte den rechten Arm in Schulterhöhe in den Raum hinein. Ballen Sie die Hand zur Faust und spannen Sie alle Muskeln bis in den Schulterbereich hinein an. Lassen Sie die Spannung langsam stärker werden und halten Sie diesen Zustand für einen Moment. Und jetzt lassen Sie den Arm wieder locker und legen Sie die Hand bequem auf den Oberschenkel zurück. Genießen Sie die wohltuende und angenehme Entspannung.
- *Während Ihre Atmung noch etwas tiefer wird, heben Sie jetzt den linken Arm ...*
- Jetzt dürfen Sie das rechte Bein ausstrecken und in Kniehöhe hochhalten. Ziehen Sie die Zehen zum Körper heran und drücken Sie die Ferse weg. Nun geben Sie bitte Spannung in alle Muskelgruppen - vom Unterschenkel der Wade über den Oberschenkel bis in den Po. Halten Sie die Spannung einen Augenblick...und beim nächsten Atemzug lassen Sie einfach locker und stellen den Fuß wieder auf. Genießen Sie den angenehmen Unterschied, spüren Sie, wie der Fuß wieder fest auf dem Boden steht und bemerken Sie sein Gewicht und seine Temperatur.
- *Und nun strecken Sie bitte das linke Bein...*

- Abschließend dürfen Sie zugleich die Arme und Beine ausstrecken und so, wie sie es bereits kennen, anspannen. Erhöhen Sie die Spannung aller Muskeln und halten Sie den Zustand eine kleine Weile. Mit dem nächsten Atemzug lassen Sie schlagartig alle Muskeln locker, stellen Sie die Füße wieder parallel und bequem auf den Boden, legen Sie Ihre Hände zurück auf die Oberschenkel. Spüren Sie jetzt im ganzen Körper wie die Spannung entweicht und Ruhe und Zufriedenheit sich ausbreiten.

Abschluß: Imagination eines persönlichen Ruhebildes

- Während Sie weiterhin ruhig und tief atmen und bequem und sicher auf dem Stuhl sitzen, gehen Sie in Ihrer Erinnerung zu einer Zeit zurück, in der Sie sich glücklich und zufrieden gefühlt haben. Häufig ist diese Erinnerung mit einem Erlebnis in der Natur verbunden, andere Menschen können anwesend sein, aber oftmals sind dies Momente, die Sie allein erleben und genießen. Lassen Sie diese Erinnerung jetzt wieder lebendig werden und spüren Sie die Ruhe und Gelassenheit und zwar so intensiv, wie es schon einmal war.
- Dabei können Sie sehen, was es alles zu sehen gibt. Registrieren Sie die Farben, eine ganz bestimmte Helligkeit und schauen Sie, ob sie Bewegung wahrnehmen können oder ob sich alle Dinge in einer vollkommenen Ruhe befinden.
- Und während Sie alles genau anschauen, können Sie jetzt auch in Ihren Ohren nochmals alles hören, was es zu hören gibt. Vielleicht können Sie bestimmte Klänge, Geräusche oder Töne wahrnehmen.
- Während sie alles sehen und hören, können Sie jetzt auch einen speziellen Geruch oder ein Aroma wahrnehmen. Vielleicht ist es der Geruch von frischer Erde, Blumen oder einer fernen Meeresbrise oder von irgend etwas anderem.
- Bemerken Sie dies nur kurz und registrieren Sie, ob es neben dem Geruch auch einen speziellen Geschmack gibt, den Sie auf der Zunge und den Lippen wahrnehmen können. Manchmal muß man dabei schlucken - das ist ein gutes Zeichen, weil Sie alles genauso intensiv spüren können, wie Sie es schon einmal erlebt haben.

- Und während Sie weiterhin sehen, hören, riechen und schmecken, können Sie jetzt im ganzen Körper - von Kopf bis Fuß - dieses angenehme Gefühl spüren. Genießen Sie diesen schönen Moment, den Sie auch in der Zukunft immer wieder aus Ihrer Erinnerung lebendig werden lassen können.

- Und dann werde ich gleich von fünf auf eins rückwärts zählen und bei eins öffnen Sie langsam die Augen und kehren mit Ihrem Bewußtsein hierher zurück - 5....4...3...2...1 - und nun recken und strecken Sie sich, bringen Sie wieder Spannung in Ihre Muskeln, reiben Sie ihr Gesicht und spüren Sie die angenehme Wärme. Stehen Sie kurz auf, gehen Sie bitte ohne zu sprechen durch den Raum und nehmen Sie nach und nach Blickkontakt auf. Achten Sie darauf, was sich alles verändert hat.

Abschlußrunde

In der Abschlußrunde haben alle Teilnehmer die Möglichkeit in Form eines kurzen "Blitzlichtes" das RPT zu bewerten. Dieses Vorgehen ist in der Erwachsenenbildung üblich und ermöglicht Patienten und Therapeuten ein kurzes persönliches Feedback Die Stellungnahmen werden nacheinander abgegeben ohne Diskussionen und Kommentare. Der Gruppenprozeß ist damit offiziell abgeschlossen.

7.4
RÜCKFALLBEWÄLTIGUNG

ABLAUF	ZEIT
Begrüßung **Vorstellung & Bilanz der Woche** **Dokumentationsmappen**	30 Min.
Plenum: Kurzvortrag „Stau auf der A 61" Phasen des Rückfalls -	45 Min.
Pause	15 Min.
Aktivierung nach Musik - Bewegung & Meditation	15 Min.
Rollenspiel: Rückfallbewältigung **Plenum:** Einführung Pro- und Contra-Argumente **Kleingruppen:** Austausch und Kategorien bilden	60 Min.
Pause	15 Min.
Plenum: Pro- und Contra - Präsentation Kleingruppenarbeit	30 Min.
Aufträge zum nächsten RPT: Fragebogen Rückfallkette Vertrag: Persönliche Sicherheit	30 Min.
Entspannungsübung	
Abschlußrunde	

7.4
Trainingstag: Rückfallbewältigung
<u>Block I: 75 Min.</u>

Begrüßung und Vorstellung
Zu Beginn der Sitzung stellen sich die Therapeuten vor. Ihre Namen und ein Begrüßungssatz (z.B. Herzlich willkommen zum RPT) sind auf einem Flipchart gut sichtbar aufgeschrieben. Die Patienten werden über Ziele und Bedeutung der Rückfallprävention aufgeklärt. Metaphern sind dafür besonders gut geeignet Die Sprache sollte möglichst einfach und klar sein. (z.B. Auch wenn die Brandgefahr gering ist, geben Feuerwehrübungen Sicherheit - sie bereiten auf den Ernstfall vor.)
Für die Vorstellungsrunde der Teilnehmer sollte ausreichend Zeit eingeplant werden. Beziehungsaufnahme und Vertrauensbildung sind für den Arbeitsprozeß äußerst wichtig. Die Patienten können ihre Lebenssituation darstellen und von aktuellen Entwicklungen berichten.
Die Vorstellungsphase wird gruppendynamisch interessanter, wenn ein spielerisches Element benutzt wird (z.B. ein kleiner Ball). Es dient der Kontaktaufnahme und Fokalisierung der Aufmerksamkeit. So wird stures 'der-Reihe-nach-Abfragen' verhindert und ein Überraschungsmoment eingeführt.
Die Anfangsrunde ist klar strukturiert. Je nachdem wie oft die Patienten schon am RPT teilgenommen haben, werden unterschiedliche Themen und Schwerpunkte exploriert.
Im Anschluß erfolgt ein Überblick über den Trainingstag "Rückfallbewältigung".

Kurzvortrag: „Stau auf der A 61"

Im Zentrum dieser RPT-Sitzung steht die Analyse von Rückfallsituationen. Als Grundlage dient das „Phasenmodell der fortschreitenden Abnahme der Abstinenzzuversicht". Um den Ablauf

des komplexen Geschehens zu verdeutlichen, können Therapeuten die
folgende Metapher - „Stau auf der A 61" - erzählen (Lindenmeyer,
1994):

*Der Geschäftsmann, Herr R., der nach einer Entwöhnungsbehandlung
seit einem Jahr abstinent lebt, gerät auf der Autobahn A 61 in einen
Stau. Er befindet sich auf der Rückfahrt von einem Termin in
Düsseldorf nach Freiburg, wo er von seiner Frau und Gästen erwartet
wird. Nachdem er zunächst gut gelaunt und mit Vorfreude auf den
Abend zügig mit seinem PKW vorankommt, wird er durch ein erhöhtes
Verkehrsaufkommen und einen plötzlichen Stau irritiert und aus der
Fassung gebracht. Herr R. reagiert zunehmend nervöser und
hektischer, wechselt öfter die Fahrbahn und entschließt sich, als auch
dieses nicht hilft, an der Abzweigung „Alzey - Deutsche Weinstraße"
von der Autobahn abzufahren. Auf diese Weise hofft der
Geschäftsmann, die verlorene Zeit auf der Umgehungsstraße wieder
aufzuholen. Lastwagen, Ampeln und unübersichtliche Kurven hindern
ihn aber wiederum am zügigen Vorankommen. Als Herr R. realisiert,
daß er, trotz aller Bemühungen, nicht rechtzeitig zuhause ankommen
wird, legt er in dem berühmten Weinort Edenkoben eine Pause ein.
Dort trinkt er einen Kaffee und beschließt, seine Ehefrau anzurufen.
Als Entschuldigung fürs Zuspätkommen möchte der ehemalige
Weinkenner seinen Gästen „einen guten Tropfen" mitbringen. Dieses
Vorhaben ist sehr unproblematisch, da neben dem Gasthaus gerade
eine Weinprobe stattfindet. Bis zu diesem Zeitpunkt denkt Herr R.
nicht an den eigenen Alkoholkonsum, verliert aber - angeregt durch
das nette Ambiente und die reizende Bedienung - zunehmend die
Kontrolle. Spät am Abend ruft er schließlich in angetrunkenem
Zustand seine Ehefrau an. Sie ist fassungslos und reagiert mit
Vorwürfen. Dieses Verhalten unterstützt seine Schuldgefühle über die
gebrochene Abstinenz. In seiner Verzweiflung fällt Herr R. in sein
altes Trinkmuster zurück.*

Auf einem Poster ist der Ablauf der Geschichte visualisiert, um die
Metapher einprägsamer vorzustellen. Die einzelnen Schritte, die zur
Beendigung der Abstinenz führen, werden als sogenannte
„Rückfallkette" vorgestellt (Marlatt & Gordon, 1983).

Im Einzelnen sind dies folgende Stadien:

- **Unausgewogene Lebenssituationen**
- **Scheinbar harmlose Entscheidungen**
- **Rückfallgedanken/ Verlangen**
- **Rückfallschock**

Die einzelnen Phasen der Rückfallkette wurden bereits ausführlich dargestellt (Kap. 5.1). Nach dem Kurzvortrag werden die unterschiedlichen Definitionen und Verlaufsformen des Rückfalls besprochen (Kap. 2.3). Die Patienten können dann eigene Beispiele liefern, die anhand der theoretischen Modelle gemeinsam analysiert werden.

Exkurs
Diese Intervention ist eine kognitive Copingstrategie und dient der Früherkennung potentieller Rückfallsituationen. Der Ausstieg aus dem Rückfallprozeß ist in jeder einzelnen Phase möglich. Selbst nach dem Konsum von Alkohol ist ein Rückfall in das „alte" Trinkmuster nicht zwangsläufig („Das zweite Glas stehen lassen", Veltrup 1995).

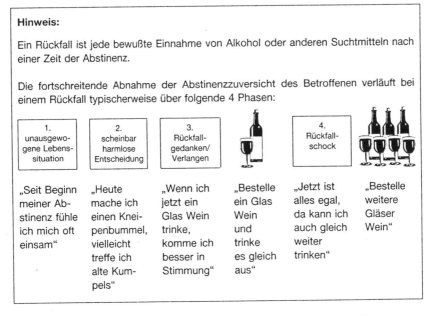

Hinweis:

Ein Rückfall ist jede bewußte Einnahme von Alkohol oder anderen Suchtmitteln nach einer Zeit der Abstinenz.

Die fortschreitende Abnahme der Abstinenzzuversicht des Betroffenen verläuft bei einem Rückfall typischerweise über folgende 4 Phasen:

1. unausgewogene Lebenssituation	2. scheinbar harmlose Entscheidung	3. Rückfallgedanken/ Verlangen		4. Rückfallschock	
„Seit Beginn meiner Abstinenz fühle ich mich oft einsam"	„Heute mache ich einen Kneipenbummel, vielleicht treffe ich alte Kumpels"	„Wenn ich jetzt ein Glas Wein trinke, komme ich besser in Stimmung"	„Bestelle ein Glas Wein und trinke es gleich aus"	„Jetzt ist alles egal, da kann ich auch gleich weiter trinken"	„Bestelle weitere Gläser Wein"

Abbildung 4: Verlauf eines Rückfalls (Lindenmeyer,1994)

Ein Schema der Rückfallkette und der zusätzliche Fragebogen zum
Rückfallgeschehen sollten am Ende der Sitzung ausgehändigt werden.
Die Patienten können somit einen persönlich erlebten Rückfall noch
einmal schriftlich reflektieren und sich dabei ihrer eigenen
Verhaltensweisen bewußter werden.

Pause 15 Min.

Block II: 75 Min.

Aktivierung nach Musik: Bewegung & Meditation
Diese zweiphasige Übung gehört zu den Standardelementen des RPT.
Wie in Kap. 7.3 beschrieben, dient die Aktivierung der Auflockerung
und der Förderung der Konzentrationsfähigkeit für den verbleibenden
Teil der Sitzung.

Rollenspiel: Rückfallbewältigung
Durch   einen   Methodenwechsel   wird   die   Bearbeitung   des
Schwerpunktthemas vertieft. Nach der kognitiven Analyse wird jetzt
im Rollenspiel stärker die emotionale Beteiligung gefördert und das
eigentliche Geschehen plastisch und transparent dargestellt.
Es empfiehlt sich, einen Patienten als Protagonisten auszuwählen, der
bereits einen Rückfall erlebt hat. Dieses Erlebnis wird in der Gruppe
reinszeniert. Zentraler Bestandteil dieser Intervention ist das
Aufspüren und bewußte Erleben eigener Ressourcen. Nach dem
Motto: „Angenommen diese Situation würde noch einmal auf Sie
zukommen, wie können Sie mit Ihrem heutigen Wissen eine
zufriedenstellende Lösung finden?"
Der weitere Ablauf des Rollenspiels ist umfassend in Kap. 7.3
beschrieben. Im anschließenden Sharing wird das Rollenspiel anhand
der Rückfallkette nachbesprochen.

Plenum: "Pro & Contra"

In der letzten Sitzung haben die Patienten Arbeitsblätter bekommen, die zum heutigen Trainingstag zu bearbeiten waren (vgl. Kapitel 7.3).

Jeder Teilnehmer hatte die Aufgabe, sich mindestens vier Pro- und vier Contra-Argumente für seine zukünftige Abstinenzerhaltung zu überlegen. Hintergrund dieser Intervention ist die Klärung der Abstinenz-Motivation. Denn nur wenn die Patienten sich ihrer "guten Gründe" und der positiven Konsequenzen bewußt sind, werden sie bereit sein, ihr Trinkverhalten und ihren Lebensstil zu verändern (Marlatt & Gordon, 1985). Gleichzeitig ist es notwendig, die schädlichen und zerstörerischen Folgen des Alkoholkonsums im eigenen Leben zu erkennen. Die Patienten haben dann die Möglichkeit, die Auswirkungen ihres eigenen Verhaltens abzuschätzen und einen Entscheidungsprozeß zu durchlaufen. In zukünftigen Risikosituationen soll diese Abwägung zwischen Pro & Contra im Sinne einer kognitiven Copingstrategie eingesetzt werden.

Pro-Argumente sollen die Frage beantworten:
"Was verbessert sich in meinem Leben, wenn ich abstinent bleibe."
Contra-Argumente stehen als Antwort für:
"In welcher Form hat der Alkohol in der Vergangenheit meine Lebensqualität beeinträchtigt?"

Bei der Auswertung der Arbeitsblätter wird nach folgendem System vorgegangen:
Die Therapeuten geben genaue Erklärungen für die anschließende Kleingruppenarbeit (jeweils 3 bis 4 Patienten). Der Auftrag besteht darin, die persönlichen Pro- & Contra-Argumente zu besprechen, zu vergleichen und Kategorien zu bilden. Ein fiktives Beispiel soll den Patienten verständlich machen, wie sie vorgehen können.

Unter der Kategorie "Bessere Gesundheit" könnten folgende Pro-Argumente subsumiert sein:

- "Ich kann wieder mehr Sport treiben."
- "Meine Leberwerte verbessern sich."
- "Ich fühle mich rundum wohl."

Bei den Contra-Argumenten könnte die Kategorie "Probleme mit Familie und Freunden" aus folgenden Unterpunkten zusammengefaßt werden:

- "Mein Partner/ meine Partnerin verläßt mich."
- "Freunde und Bekannte ziehen sich zurück."
- "Ich kann mich kaum noch um meine Kinder kümmern."

Die Kleingruppen haben 20 Minuten Zeit, um diesen Auftrag zu erledigen. Für die anschließende Präsentation erhalten die Patienten Filzschreiber und Karten in zwei Farben für die Pro- und Contra-Kategorien. Um während dieser Arbeitsphase genügend Ruhe und Konzentration zu haben, können die Patienten auch andere Räume nutzen. Wenn die Patienten es wünschen, beraten und helfen die Therapeuten bei der Formulierung der Kategorien. Kurz vor der Pause gibt es noch ein Treffen im Plenum, um erste Eindrücke zum Ablauf der Übung auszutauschen.

Pause 15 Min.

Block III: 60 Min.

Plenum: Präsentation der Arbeitsergebnisse und Diskussion
Aus jeder Kleingruppe stellt ein Patient die Pro- , ein anderer die Contra-Kategorien vor. Die Teilnehmer befestigen die Karten an der Tafel/Metaplanwand. Ein vorbereitetes Pro- und Contra-Schema bildet den Rahmen. Der dritte (und vierte) Teilnehmer hilft bei der Erklärung und gibt ergänzende Informationen aus der Kleingruppenarbeit. Kategorien und Aspekte, die besonders wichtig erscheinen, werden von den Therapeuten durch detailliertere Fragen vertieft. Die Gruppendiskussion, in der Erfahrungen ausgetauscht und besprochen werden, sollte gefördert werden. Am Ende der Kleingruppen-Präsentation ist eine Zusammenfassung der wesentlichen Punkte sinnvoll. Die nachfolgende Anfertigung der Pro- und Contra-Karten ist im Sinne eines kollektiven „Rituals" durchzuführen.

Die Patienten haben Gelegenheit, ihre persönlichen Pro- und Contra-Argumente (Arbeitsblatt II) auf eine Karton-Vorlage im Scheckkarten-Format zu schreiben. Um dieser Karte eine lange "Lebensdauer" zu ermöglichen, wird sie zum Schutz mit Klarsichtfolie beklebt.

Auf der Vorderseite stehen die Gründe für ihre Abstinenzmotivation, auf der Rückseite finden sich die negativen Konsequenzen bei fortgesetztem Alkoholkonsum.

Exkurs
Der Hintergrund für diese Intervention ist, den Patienten einen positiven Anker für ihr zukünftiges Leben mitzugeben. Denn: Risikosituationen sind nicht gänzlich vermeidbar. Um für diese Phasen persönlicher Gefährdung geschützt zu sein, wird den Patienten ein Experiment angeboten. Sie werden „eingeladen", die Pro- und Contra-Karte in ihrer Brieftasche oder dem Portemonnaie aufzubewahren. In Zukunft können Sie sich davon überraschen lassen, wie der bloße Gedanke an diese Karte für Veränderungen im Erleben und Verhalten sorgt. Bevor es zur Abstinenzbeendigung kommt oder notfalls auch "nach dem ersten Glas" können die Patienten auf die Karte schauen und sich ihre Argumente vergegenwärtigen.

Das ist für die Patienten eine Chance, den oft automatisch ablaufenden Rückfall durch einen Entscheidungs-Prozeß anzuhalten und sich auf Bewältigungsstrategien zu besinnen. Diese Intervention wird sehr gewissenhaft vorbereitet und durchgeführt, weil die Erfahrung belegt, daß die Pro- und Contrakarte damit im Bewußtsein der Patienten eine hohe Wertigkeit und Identifikation erlangt. Aus diesem Grund werden die Patienten gebeten, die Karte zur nächsten Sitzung mitzubringen und ihre ersten Erfahrungen damit zu schildern.

Auch an den nächsten Trainingstagen sollten die Therapeuten im Zusammenhang mit anderen Interventionen an die Pro- und Contra-Argumente erinnern, so daß die enorme Bedeutung des Entscheidungsprozesses immer wieder betont wird.

Arbeitsaufträge : "Das erledige ich bis zum nächsten RPT..."
Die Dokumentationsmappen und die Arbeitsblätter dienen der Verbindung der einzelnen Trainingstage. Wenn das Programm einmal

in der Woche durchgeführt wird, ist ein Brückenschlag zur nächsten Sitzung wichtig. Darüber hinaus bleibt das Thema der "Rückfallprävention" im Bewußtsein der Patienten. Ihre Vorbereitung anhand der Arbeitsblätter führt zu einem schnellen thematischen Einstieg und einer effizienten Bearbeitung in der nächsten Sitzung.

Das Arbeitsblatt „Vertrag: Persönliche Sicherheit" wird an jeden Patienten in mehrfacher Ausführung verteilt. Es ist ein Vertrag zur Abstinenzsicherung, der mit einer/mehreren Vertrauensperson/-en und mit sich selbst geschlossen wird. Detaillierte Ausführungen erfolgen in Kap. 7.5.

In halboffenen Gruppensettings ist das Prinzip der "Patenschaften" geeignet, um Verantwortung und kooperatives Verhalten zu fördern. Praktisch bedeutet dies, daß die Patienten den neuen Teilnehmern die Arbeitsblätter aushändigen und präzise erklären. In der nächsten RPT-Sitzung können diese dadurch sofort mitarbeiten und in die Gruppe integriert werden.

Entspannungsübung
Diese Intervention ist ein wesentliches Standardelement im RPT. Ausführliche Instruktionen sind in Kap. 7.3 zu finden.

Abschlußrunde
In der Abschlußrunde haben die Patienten die Möglichkeit, in Form eines kurzen "Blitzlichtes" das RPT zu bewerten. Um den Gruppenprozeß auch wirklich zu beenden, gibt es keine Diskussionen mehr, sondern nur noch persönliche Einschätzungen (Kap. 7.3).

7.5
RESSOURCEN

ABLAUF	ZEIT

Begrüßung   30 Min.
Vorstellung & Bilanz der Woche
Dokumentationsmappen

Plenum: Vertrag - „Persönliche Sicherheit" -   45 Min.
    Ergebnisse & Feedback

Pause   15 Min.

Aktivierung nach Musik - Bewegung & Meditation -   15 Min.

Plenum: Kurzvortrag Streßmanagement   60 Min.
    Ressourcen-Pool

Pause   15 Min.

Plenum: Kurzvortrag Internale Kommunikation   30 Min.
Einzelarbeit - Visualisierung „Innerer Lieblingssatz"
Plenum: Vernissage

Aufträge zum nächsten RPT: Risikosituationen   30Min.

Entspannungsübung

Abschlußrunde

7.5
Trainingstag: Ressourcen
Block I: 75 Min.

Begrüßung und Vorstellung

Zu Beginn der Sitzung stellen sich die Therapeuten vor. Ihre Namen und ein Begrüßungssatz (z.B. Herzlich willkommen zum RPT) sind auf einem Flipchart gut sichtbar aufgeschrieben. Die Patienten werden über Ziele und Bedeutung der Rückfallprävention aufgeklärt. Metaphern sind dafür besonders gut geeignet Die Sprache sollte möglichst einfach und klar sein. (z.B. Auch wenn die Brandgefahr gering ist, geben Feuerwehrübungen Sicherheit - sie bereiten auf den Ernstfall vor.)

Für die Vorstellungsrunde der Teilnehmer sollte ausreichend Zeit eingeplant werden. Beziehungsaufnahme und Vertrauensbildung sind für den Arbeitsprozeß äußerst wichtig. Die Patienten können ihre Lebenssituation darstellen und von aktuellen Entwicklungen berichten.

Die Vorstellungsphase wird gruppendynamisch interessanter, wenn ein spielerisches Element benutzt wird (z.B. ein kleiner Ball). Es dient der Kontaktaufnahme und Fokalisierung der Aufmerksamkeit. So wird stures 'der-Reihe-nach-Abfragen' verhindert und ein Über-raschungsmoment eingeführt. Die Anfangsrunde ist klar strukturiert. Je nachdem wie oft die Patienten schon am RPT teilgenommen haben, werden unterschiedliche Themen und Schwerpunkte exploriert. Die Patienten können ihre Pro- & Contra-Karten aus der vergangenen Sitzung zeigen und erste Erfahrungen schildern (Kap. 7.4).

Plenum: Vertrag - Persönliche Sicherheit

In der vergangenen Sitzung hatten die Patienten den Vertrag „Persönliche Sicherheit" in mehrfacher Ausführung erhalten (Kap. 7.4). Er besteht aus einem Informationsblatt, in dem kurze Hinweise zur Durchführung gegeben werden, und dem eigentlichen Vertrags-formular. Auf dem Informationsblatt werden die Patienten daran erinnert, daß in Risikosituationen oder bei einem möglichen Rückfall eigenes Handeln und sofortige Unterstützung durch Personen ihres Vertrauens notwendig sind.

Nach dem Motto *„Jetzt ist sowieso alles egal"* geraten einige Betroffene in einen emotionalen Schock. Sie sind überfordert und in ihrer Handlungsfähigkeit eingeschränkt. Für diese Gruppe ist besonders die Hilfe aus dem sozialen Umfeld wichtig, um die Abstinenz wiederherzustellen.

Exkurs
Es gibt eine Vielzahl möglicher Vertrauenspersonen. Dazu zählen z.B. Freunde, Arbeitskollegen, Hausarzt, Mitglieder aus der Selbsthilfegruppe. Lebenspartner und engste Familienangehörige sind ebenfalls geeignet, aber es gilt Besonderheiten zu beachten. Intime Beziehungen sind häufig durch ambivalente Gefühle geprägt, die ein enormes Spannungsfeld erzeugen können. Der Betroffene wünscht sich einerseits loyale Unterstützung und hat aber andererseits Angst, kontrolliert zu werden. Im Gegenzug reagieren diese Vertrauenspersonen häufig mit Vorwürfen und/oder Verzweiflung. Diese Reaktionsmuster zwischen Abhängigen und Angehörigen ziehen sich oftmals wie ein roter Faden durch die Beziehung. Sie sind starr, unflexibel und können deshalb nur mühsam verändert werden. Derartige Schwierigkeiten besprechen wir sehr genau mit den Patienten. Denn dadurch könnte der sogenannte Rückfallschock des Betroffenen ungewollt verstärkt werden. Dieses Phänomen wurde ausführlich in Kap. 5.1 beschrieben.

Das Informationsblatt zum Vertrag „Persönliche Sicherheit" enthält Fragen, die die Vereinbarungen für die Wiederherstellung der Abstinenz präzisieren sollen.
• Was möchte ich tun?
• Wen werde ich anrufen/ansprechen?
• Wie können mich meine Vertrauenspersonen unterstützen ?
• Welche weiteren Schritte halte ich in diesem Notfall für wichtig? (z.B. Entgiftung im Krankenhaus X, Beratungsstelle aufsuchen)

Der Vertrag „Persönliche Sicherheit" beinhaltet Daten des Patienten und der Vertrauenspersonen (Name, Adresse, Telefonnummer) sowie getroffene Vereinbarungen. Zusätzlich wird der Vertrag - wie bei offiziellen Dokumenten üblich - von dem Patienten und den

Vertrauenspersonen unterschrieben und mit dem aktuellen Datum versehen.

Exkurs
Dieses Vorgehen sorgt für eine größere Verbindlichkeit und Selbstverpflichtung als eine mündliche Absichtserklärung.
Es hat sich in der Praxis gezeigt, wie wichtig es ist, schon im Voraus geeignete Maßnahmen festzulegen. Rückfälle sind keine Bagatellen und bergen das Risiko, in das alte Trinkmuster zu rutschen. Gleichzeitig haben Betroffene die Chance, Schlimmeres zu vermeiden und sogar daraus zu lernen. Etwa 40 Prozent der Alkoholabhängigen können ihren Rückfall auf drei Tage reduzieren (Lindenmeyer, 1994). Eine möglichst schnelle Rückkehr zur Abstinenz kann den Schaden begrenzen und die Motivation fördern, den eigenen Lebensstil zu überprüfen und möglicherweise Korrekturen vorzunehmen.

Im Rahmen des RPT werden die Verträge „Persönliche Sicherheit" von den Patienten im Plenum vorgestellt und besprochen. Dabei sollte unbedingt gezielt nachgefragt werden, inwieweit die Vereinbarungen realistisch sind und welche möglichen Schwierigkeiten im Ernstfall auftauchen könnten. Gleichzeitig ist die Einschätzung der anderen Teilnehmer gefragt. Die Patienten kennen sich untereinander wesentlich besser und akzeptieren daher auch kritische Anmerkungen zu den Vertragsmodalitäten.

Pause 15 Min.

Block II: 75 Min.

Aktivierung nach Musik: Bewegung & Meditation
Diese zweiphasige Übung gehört zu den Standardelementen des RPT. Wie in Kapitel 7.3 bereits ausführlich begründet, dient die Aktivierung der Auflockerung und der Förderung der Konzentrationsfähigkeit für den verbleibenden Teil der Sitzung.

Schwerpunktthema
Mobilisierung von Ressourcen

Exkurs
Alkoholabhängige versuchen, Streß, Angst und Belastungen oftmals durch Substanzkonsum erträglich zu machen. Forschungsergebnisse zeigen, daß die Zusammenhänge zwischen der Wirkung von Alkohol und Streßabbau komplex sind (Cappell & Greely, 1987).
Eine besondere Rolle spielen dabei die fest verwurzelten Erwartungen an den spannungslösenden Effekt des Alkohols (Arend, 1994).
Die Erfahrung, daß das Trinken kurzfristig eine gewisse Erleichterung verschafft, führt oft dazu, daß der Konsum als einzige Bewältigungsstrategie verfügbar ist. Aus diesem Grund ist es wichtig, Ressourcen zu reaktivieren oder neu aufzubauen. Ressourcen sind „Hilfsmittel", um Ziele zu erreichen.

Es gibt drei Arten von Ressourcen:

1. **Individuelle Ressourcen** - mentale und kognitive Strategien wie Fähigkeiten, Ideen und Erfahrungen sowie Schulbildung, berufliche Qualifikationen
2. **Soziale Ressourcen** - Familie, Freunde, Arbeitskollegen, Mitglieder der Selbsthilfegruppe
3. **Materielle Ressourcen** - gute Wohnverhältnisse, solide finanzielle Situation und persönlicher Besitzstand.

Handlungsalternativen und Anregungen für einen gesünderen Lebensstil ergeben sich aus der Bewußtmachung der genannten Ressourcen. In Anlehnung an das RPT-Modell von Marlatt & Gordon (1985) wird nun die Notwendigkeit der Balance zwischen den **"Shoulds"** (Anforderungen und Belastungen) und **"Wants"** (Regenerationsmöglichkeiten) angesprochen.

Eine veränderte Lebensführung, in der die eigene Aktivität, eine wiedererlangte Genußfähigkeit und eine optimistische Grundhaltung die zentrale Rolle spielen, bildet eine solide Basis für ein abstinentes

Leben. In einfachen Sätzen sollten Erklärungen zu den positiven Effekten von Ressourcen erfolgen. Wenn sie mobilisiert werden, können sie der „Motor" für Zufriedenheit und Wohlbefinden sein.

Streßmanagement

In einem Kurzvortrag werden die Unterschiede zwischen positivem **Eu-Streß** und dem negativen **Dys-Streß** (Selye, 1956) vorgestellt. Im ersteren Fall spürt der Betroffene zwar eine psychische Belastung, aber die Situation wird eher als Herausforderung erlebt. Sie ist in der Regel mit positiven Gefühlen verbunden. Negativer Streß entsteht durch chronische Überforderung und fehlende Anpassungsmöglichkeiten. Folge kann das allgemeine Adaptationssyndrom (AAS) sein, das in der Endphase zur Erschöpfung und zum Verlust der Energiereserven des Organismus führt.

In diesem Zusammenhang ist auf die positive Bedeutung von Anforderungen, Aufgaben und Aktivitäten hinzuweisen. Zufriedenheit und Wahrnehmung der eigenen Fähigkeiten können auf diesem Wege erst erreicht werden. Im Rahmen der Suchtentwicklung führen die Betroffenen oft ein sehr passives Leben, das sich nur um die Beschaffung und den Konsum von Alkohol dreht. Arbeitsmotivation, private Interessen und soziale Kontakte gehen verloren und damit nimmt der **Dys-Streß** zu. Gerade die eigene Unfähigkeit, selbst wieder aktiv zu werden und eigene Interessen zu verfolgen, werden von den Betroffenen als enorme Belastung erlebt. Konsequenzen sind: Selbst-abwertung, depressive Verstimmungen, Scham- und Insuffizienz-gefühle sowie Angst vor der Zukunft.

Aus der Streß-Forschung, dem Konzept der "Erlernten Hilflosigkeit" (Seligman, 1974) und der Psychoneuroimmunologie (vgl. Teegen, 1992) sind wichtige Erkenntnisse gewonnen worden. Besonders andauernde Zustände von Hilflosigkeit und die Tendenz, Konflikten aus dem Weg zu gehen, schwächen Vitalität und körperliches Wohlbefinden.

Alkoholiker sind somit zwei massiven Stressoren ausgesetzt:

1. Der toxischen Wirkung des Alkohols (= biochemischer Stressor)
2. Konflikten und negativen Emotionen (= psychosozialer Stressor)

Plenum:
Persönliche Streß-Erlebnisse
Die Streß-Theorie und die Forschungsergebnisse der Psychoneuro-immunologie sollten in kurzen und einfachen Sätzen geschildert werden. Das ist eine gute Grundlage, um die drei unterschiedlichen Streßquellen zu erklären.

1. **Alltagsstreß** („daily hassels") - das sind Probleme und Ärgernisse des täglichen Lebens. Dazu gehören Termindruck, kurzfristige Überforderungen, Konfliktsituationen in Familie und Beruf.
2. **Schwerer Lebensstreß** (critical life events) - das sind einschneidende Erlebnisse, die massive, langfristige Auswirkungen auf den Betroffenen haben. Hierzu gehören der Tod eines Angehörigen, Trennung oder Scheidung sowie chronische Erkrankungen.
3. **Streß durch einen unausgewogenen Lebensstil** - das bedeutet ein. Ungleichgewicht zwischen Dingen, die man im Sinne einer Pflicht-erfüllung tun muß („Shoulds") und Aktivitäten, die Freude machen, Zufriedenheit und Erfüllung geben („Wants").

Im Anschluß haben die Patienten Gelegenheit, eigene Beispiele im Plenum zu nennen und kurz zu erläutern. Die genannten Beispiele werden an der Tafel/Flipchart gesammelt. Hilfreich ist es darüber hinaus Kategorien zu bilden. Besonders interessant sind häufig genannte Themen und zentrale Belastungssituationen. In diesem Zusammenhang werden die Patienten nach der Funktionalität des Alkoholkonsums gefragt.
Um die Auswirkungen unterschiedlicher Streßsituationen deutlich zu machen, eignet sich das Schema von Tausch (1993). Es zeigt, welche Auswirkungen „Alltagsstreß" und „Schwerer Lebensstreß" auf das emotionale Befinden eines Betroffenen haben können. So können z.B. Ängste, Verzweiflung, Resignation oder Vereinsamung die Folge sein.
Um die große Bedeutung seelischer Belastungen zu betonen, regen die Therapeuten im Anschluß eine Gruppendiskussion an.

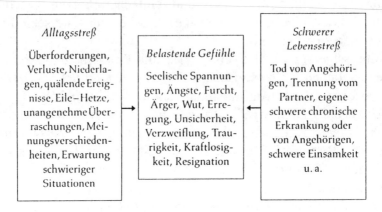

Abbildung 5: Auswirkungen von Alltagsstreß und schwerem
Lebensstreß (Tausch,1993)

Im zweiten Teil der Plenumsphase geht es um Bewältigungs-
Strategien (Coping) von Streßsituationen. Als Orientierung dient die
Visualisierung des Schemas „Auswirkungen von Entspannung".

Das Schema enthält fünf zentralen Kategorien:

1. „Wie kann ich mich gut entspannen?"
2. „Was passiert dabei in meinem Körper?"
3. „Welche Gefühle kann ich dabei wahrnehmen?"
4. „Welche positiven Gedanken habe ich dabei?"
5. „Wie wirkt sich die Entspannung auf mein Verhalten aus?"

Entspannung ist auf zwei Ebenen denkbar:

1. Körperliche Aktivität (z.B. Fahrrad fahren, Gartenarbeit)
2. Mentaler Genuß (z.B. Musik hören, Lesen, Autogenes Training)

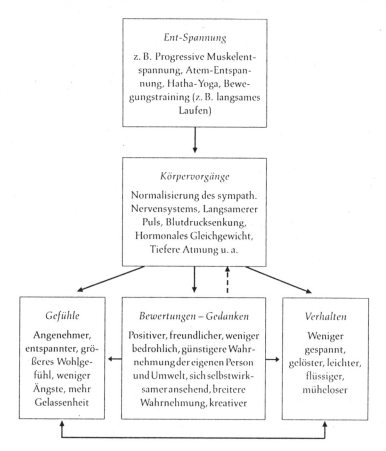

Abbildung 6: Auswirkungen von Entspannung (Tausch, 1993)

Besonders wichtig sind persönliche Erfahrungen der Patienten. Diese können methodisch effektiv aufgenommen werden, indem ein Therapeut diese Gesprächsphase moderiert und der andere die Beispiele stichwortartig auf Karten notiert. Die Patienten sollten möglichst viele positive Erfahrungen mit Entspannung schildern, um eine Art „Ressourcen-Pool" bilden zu können. Denn aus Forschungsergebnissen (vgl. Marlatt & Gordon, 1985) ist bekannt, daß viele Alkoholabhängige keine angemessenen Bewältigungs-strategien zur Verfügung haben. Andere Patienten haben ihre Fähigkeiten im Rahmen ihrer Suchtentwicklung vernachlässigt und können sich kaum daran erinnern. In dem Ressourcen-Pool werden alle Ideen gesammelt und die Patienten können im Sinne eines Lerntransfers überlegen, welche Aktivitäten für sie in Frage kommen.

Dabei geht es einerseits um akzeptable Alternativen zum bisherigen Alkoholkonsum und andererseits um eine Veränderung des Lebensstils im Hinblick auf Freude, Genuß und Wohlbefinden. Dies entspricht einer Balance zwischen „Shoulds" und „Wants" im RP-Modell von Marlatt & Gordon (1985).

Pause   15 Min.

Block III: 60 Min.

Kurzvortrag: Internale Kommunikation

Exkurs
Diese Intervention beruht auf zwei theoretischen Konzepten:
1. **Neurolinguistisches Programmieren (NLP)** - in diesem Modell wird zwischen internaler und externaler Kommunikation unterschieden. Externale Kommunikation bezieht sich grundsätzlich auf die Verständigung mit anderen Menschen. Die internale Kommunikation beinhaltet die individuelle Organisation von Denkprozessen, die auf sinnesspezifischen Wahrnehmungen beruhen. Das Denken kann in Form von Bildern (visuell), Klängen und Stimmen (auditiv), Emotionen und Körperempfindungen (kinästhetisch) stattfinden.
2. **Kommunikationspsychologie - das „Innere Team".**
   Grundlage ist die „Anatomie einer Nachricht" (Schulz von Thun, 1994 und 1981). In diesem Modell geht es um die vier Seiten zwischenmenschlicher Kommunikation. Es handelt sich dabei um die Sach-, Selbstkundgabe-, Beziehungs- und Appell-Ebene. Darauf aufbauend wird eine differenzierte Betrachtung innerer Prozesse vorgenommen.
   In einer Art Metapher ist es möglich Gedanken, Impulse und Überzeugungen zu personifizieren. Sie sind Mitglieder eines „Inneren Teams", deren Kommunikation über innere Dialoge stattfindet. Um den Patienten diese ungewohnte Betrachtungsweise zu erleichtern,

sollte das innere Team visualisiert werden. Es ist ausreichend, eine skizzenhafte Figur an die Tafel zu malen, in deren Bauch sich die dazugehörigen Teammitglieder befinden (Abb. 7).

Den einzelnen kleinen Figuren können in einer Sprechblase charakteristische Sätze zugeordnet werden, z.B. „Ich habe Selbstvertrauen und Energie." Zusätzlich bekommen die Teammitglieder noch spezielle Namen, um die Identifikation zu erleichtern. In diesem Fall wäre es der Optimist.

Fallbeispiel : Frau K. (39)
Seit 20 Jahren hat Frau K. Probleme mit Alkohol. Nach verschiedenen gescheiterten Beziehungen lebt sie in Trennung von ihrem derzeitigen Ehemann. Ihre Ausbildung zur Einzelhandelskauffrau hatte sie damals abgebrochen und sich später mit Gelegenheitsjobs finanziell über Wasser gehalten. Im Rahmen der Therapie ist ihr deutlich geworden, daß sie ihr Leben neu gestalten muß. In einer RPT-Sitzung wurde gemeinsam ihr persönliches „Inneres Team" exploriert.

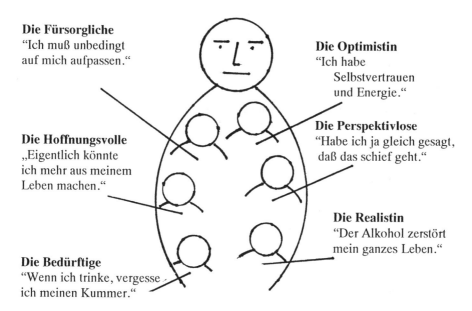

Abbildung 7: Modell des "Inneren Teams" (Fallbeispiel Frau K.)

Einzelarbeit: Der „Innere Lieblingssatz.."

Nach den theoretischen Einleitungen und Erklärungen des Modells, werden die Patienten nach persönlichen Beispielen innerer Dialoge gefragt. Diese treten besonders in Situationen auf, in denen Menschen nachdenken, Planungen vornehmen und Entscheidungen treffen. Im Mittelpunkt des Interesses stehen die Kernsätze, mit denen sie sich selber motivieren können und die sie „antreiben", Aktivitäten zu beginnen und - trotz auftauchender Schwierigkeiten - zu vollenden.

Alle Patienten bekommen einen DIN-A 3 Bogen Papier und dürfen sich mehrere Stifte in unterschiedlichen Farben aussuchen. Sie werden instruiert, sich ihren „Inneren Lieblingssatz" zu überlegen, ihn aufzuschreiben, und wenn sie möchten, mit einer Zeichnung zu unterstützen, die den Inhalt symbolisiert (z.B. der Satz „Los, Du schaffst es" wird von einer lachenden Sonne verstärkt).

Vernissage

Die Ergebnisse der Einzelarbeit werden im Rahmen einer kleinen Ausstellung präsentiert. Zur Vorbereitung befestigen die Patienten ihre Bilder an der Wand, so daß eine gemeinsame Betrachtung möglich ist. Jeder kann nun seinen Lieblingssatz vorstellen und kurz erklären, was er damit assoziiert. Die Gruppe hat Gelegenheit, Fragen zu stellen und Kommentare abzugeben. Am Ende der Sitzung werden die Patienten gebeten, ihre Bilder mitzunehmen, um sie in ihren Zimmern auf-zuhängen. Die Therapeuten „laden sie erneut zu einem Experiment ein", ihre Wahrnehmung gezielt zu trainieren. Bis zum nächsten RPT haben die Patienten die Gelegenheit, zu überprüfen, welche positiven Gefühle und Gedanken dabei entstehen, wenn sie das Bild mindestens zweimal am Tag aufmerksam betrachten.

Exkurs

Die moderne Lernforschung belegt, daß multimodale Sinnes-wahrnehmungen besonders nachhaltig abgespeichert werden. In der Übung „Innerer Lieblingssatz" wird eine Ressourcentechnik (Ankern) aus dem NLP benutzt. Ankern bedeutet positive Erfahrungen mit speziellen Schlüsselreizen so zu kombinieren, daß sie zukünftig schnell verfügbar sind. Die positiven Emotionen, die mit den Kernsätzen und dem gemalten Bild gekoppelt sind, werden von nun an automatisch aktiviert und verbessern das körperliche und seelische Wohlbefinden.

Arbeitsaufträge : "Das erledige ich bis zum nächsten RPT..."
Die Dokumentationsmappen und die Arbeitsblätter dienen der Verbindung der einzelnen Trainingstage. Wenn das Programm einmal in der Woche durchgeführt wird, ist ein Brückenschlag zur nächsten Sitzung wichtig. Darüber hinaus bleibt das Thema der "Rückfallprävention" im Bewußtsein der Patienten. Ihre Vorbereitung anhand der Arbeitsblätter führt zu einem schnellen thematischen Einstieg und einer effizienten Bearbeitung in der nächsten Sitzung. In halboffenen Gruppensettings ist das Prinzip der "Patenschaften" geeignet, um Verantwortung und kooperatives Verhalten zu fördern. Praktisch bedeutet dies, daß die Patienten den neuen Teilnehmern die Arbeitsblätter aushändigen und präzise erklären. In der nächsten RPT-Sitzung können diese dadurch sofort mitarbeiten und in die Gruppe integriert werden.
Zum Abschluß werden die Patienten noch einmal an das Experiment („Der Innere Lieblingssatz") erinnert. In der nächsten Sitzung können die Patienten über erste Erfahrungen berichten.

Entspannungsübung
Diese Intervention ist ein wesentliches Standardelement des RPT. Ausführliche Instruktionen sind in Kap. 7.3 beschrieben.

Abschlußrunde
In der Abschlußrunde haben die Patienten die Möglichkeit, in Form eines kurzen Blitzlichtes das RPT zu bewerten. Um den Gruppenprozeß auch wirklich zu beenden, gibt es keine Diskussionen mehr sondern nur noch persönliche Einschätzungen (Kap. 7.3).

Fortbildungen: Train-the-Trainer

Wir haben uns bemüht, die Interventionen des RPT möglichst detailliert und anschaulich zu beschreiben. In einem Buch läßt sich die komplexe Praxis aber nicht maßstabsgetreu abbilden. Fragen zu den theoretischen Modellen, der Arbeitsweise mit dem umfangreichen Handwerkszeug aus NLP, Hypnose und systemischer Beratung werden sicherlich offen bleiben. Im Sinne einer lebendigen Kommunikation bieten wir für Kollegen, Fachteams oder Institutionen Fortbildungen und Supervision an (Train-the-Trainer).
Haben Sie Interesse? Wir freuen uns, wenn Sie Kontakt mit uns aufnehmen.

Dipl.-Psych. Michael Rochow
Lottestraße 7
22529 Hamburg
Tel.: 040 - 5603872

Dipl.-Psych. Susanne Wilcken
Am Sunder 17
21224 Rosengarten
Tel.: 04108 - 490037
Fax: 04108 - 490036

Nachwort

Susanne Wilcken und Michael Rochow möchte ich zu diesem Manual zur Rückfallprävention bei Alkoholabhängigkeit gratulieren. Auf der Basis des derzeit verfügbaren Wissens haben sie ein in der Praxis mittlerweile vielfach erprobtes lösungs- und ressourcenorientiertes Handwerkszeug für Suchttherapeuten entwickelt. Es trägt der spezifischen Problemlage Abhängiger ausgezeichnet Rechnung, die kurzfristig erreichte Abstinenz, mittel- und langfristig sichern bzw. nach Abstinenzunterbrechungen wieder zu erlangen.
In der jahrelangen Zusammenarbeit auf der Lübecker Motivations-therapie-Station konnte ich erleben, wie sie ihr Engagement und ihre Begeisterung für die Sache unseren Patienten immer wieder vermittelt haben. Darüber hinaus ist es den beiden Autoren auch in besonderer weise gelungen, durch dieses Buch und ihre Art der Darstellung diese Freude an der Arbeit an die Leser weiter zu geben.

Um das Programm nicht über zu strapazieren und um Enttäuschungen bei den Anwendern vorzubeugen, erscheint es mir wichtig, auf die angemessene Einordnung des RPT in die suchttherapeutische Landschaft hinzuweisen:
Das RPT wurde erstens als tertiäre Präventionsmaßnahme bei Personen mit einer mindestens mittelgradig schweren Abhängigkeit und entsprechend bereits eingetretenen Folgeproblemen entwickelt. Zweitens setzt es implizit eine Abstinenzorientierung der Zielgruppe voraus, die keineswegs selbstverständlich ist und daher im Rahmen der Indikationsstellung überprüft werden muß. Dadurch unterscheidet sich das RPT einerseits von sekundärpräventiven Maßnahmen in frühen Stadien von Mißbrauch oder Abhängigkeit, die durchaus eine Konsumeinschränkung als alternatives Therapieziel zu Abstinenzorientierung beinhalten können und andererseits von

tertiärpräventiven   Maßnahmen   bei   chronisch   mehrfach
beeinträchtigten Patienten mit dem ausschließlichen Ziel der
Schadenbegrenzung.

Wie eine erste Untersuchung der Autoren gezeigt hat, ist das RPT bei
richtiger Indikationsstellung ein Programm mit hoher Effektivität und
Effizienz. Ich wünsche Susanne Wilcken und Michael Rochow nicht
nur eine hohe Verbreitung ihres Manuals sondern auch eine
umfangreiche und systematische empirische Evaluation des RPT.

Bielefeld und Lübeck, Oktober 1999   PD. Dr. Martin Driessen

Abbildungen

Literatur

American Psychiatric Association (1998). Diagnostische Kriterien und Differentialdiagnosen des Diagnostischen und Statistischen Manuals psychischer Störungen (DSM-IV). Beltz, Weinheim.

Arend H. (1994). Alkoholismus - Ambulante Therapie und Rückfallprophylaxe. Beltz, Weinheim.

Bandler R. & Grinder J. (1983). Therapie in Trance. Einführung in die Hypnose. Klett-Cotta, Stuttgart.

Bandler R. & Grinder J. (1984). Metasprache und Psychotherapie. Die Struktur der Magie I. Junfermann, Paderborn.

Bandler R. (1987). Veränderung des subjektiven Erlebens. Fortgeschrittene Methoden des NLP. Junfermann, Paderborn.

Bandura, A. (1977). Self-efficacy: Towards a unifying theory of behavioral change. Psychological Rewiev, 84, 2, S. 191-215.

Berg I. K. & Miller S. D. (1995). Kurzzeittherapie bei Alkoholproblemen. AUER, Heidelberg.

Berg I. K. & Miller S. D. (1997). Die Wunder-Methode. Verlag Modernes Lernen, Dortmund

Clauß G. & Ebner F. (1992). Statistik. Für Soziologen, Pädagogen, Psychologen und Mediziner. Verlag Harri Deutsch, Frankfurt/Main.

de Jong-Meyer R. & Heyden T. (Hrsg.) (1993). Rückfälle bei Alkoholabhängigen. Röttger, München.

Deutsche Hauptstelle gegen Suchtgefahren (1995). Jahrbücher Sucht 1996 - 1998. Neuland- Verlagsgesellschaft.

Dilling, H., Mombour W. & Schmidt M. H. (1991). Internationale Klassifikation psychischer Störungen. ICD-10, Kapitel V (F), Klinisch-diagnostische Leitlinien. Huber, Göttingen.

Dörner K. & Plog U. (1992). Irren ist menschlich. Lehrbuch der Psychiatrie/Psychotherapie. Psychiatrie-Verlag, Bonn.

Erickson M. (1985). Meine Stimme begleitet Sie überall hin. Klett-Cotta, Stuttgart.

Fett A. (Hrsg.). (1992). Diagnostik in der ambulanten Suchtkrankenhilfe. Lambertus, Freiburg.

Feuerlein W. (1989). Alkoholismus - Mißbrauch und Abhängigkeit. Thieme, Stuttgart.

Friedrichs J. (1980). Methoden empirischer Sozialforschung. Westdeutscher Verlag, Opladen.

Geue B. (1993). Individuelle Patientenführung. Erfolgsorientierte Kommunikationsstrategien für die tägliche Praxis. Enke, Stuttgart.

Gordon T. (1997). Patientenkonferenz. Hoffman und Campe, Hamburg.

Grawe K, Donati R. & Bernauer F. (1994). Psychotherapie im Wandel. Von der Konfession zur Profession. Hogrefe, Göttingen.

Hannes R. (1996). Wenn Trinken zum Problem wird. Huber, Bern.

Innerhofer P. (1977). Münchner Trainingsmodell. Springer, Berlin.

John U. (1996). Diagnostik und Klassifikation stoffgebundener Abhängigkeit. In: K.Mann & G. Buchkremer (1996). Sucht. Grundlagen, Diagnostik, Therapie. (S. 135-146), Gustav Fischer Verlag, Stuttgart.

Kielholz P. & Ladewig D. (1973). Die Abhängigkeit von Drogen. DTV, München.

Königswieser R. & Exner A. (1998). Systemische Interventionen. Klett-Cotta, Stuttgart.

Körkel J. (Hrsg.). (1988). Der Rückfall des Suchtkranken. Flucht in die Sucht. Springer, Berlin.

Körkel J. (Hrsg.). (1991). Praxis der Rückfallbehandlung. Ein Leitfaden für Berater, Therapeuten und ehrenamtliche Helfer. Blaukreuz, Wuppertal.

Körkel J. (Hrsg.). (1991). Rückfall muß keine Katastrophe sein. Ein Leitfaden für Abhängige und Angehörige. Blaukreuz, Wuppertal.

Körkel J. & Kruse G. (1993). Mit dem Rückfall leben. Psychiatrie-Verlag, Bonn.

Körkel J. & Lauer G. (1995). Rückfälle Alkoholabhängiger: Ein Überblick über neuere Forschungsergebnisse und -trends. In J. **Körkel, G. Lauer & R. Scheller** (1995). Sucht und Rückfall. Brennpunkte deutscher Rückfallforschung (S. 158-177). Enke, Stuttgart.

Körkel J. & Lauer G. (1995). Rückfälle Alkoholabhängiger: Ein Überblick über neuere Forschungsergebnisse und -trends. Brennpunkte deutscher Rückfallforschung (S. 158-181).

Langmaack B & Braune-Krickau M. (1995). Wie die Gruppe laufen lernt. Beltz, Weinheim.

Lauer G., Schreiber S. & Kunz A. (1995). Ein Alkoholrückfall-präventionstraining im Rahmen stationärer Entwöhnungsbehandlung. In: J.Körkel, G.Lauer & R. Scheller (1995). Brennpunkte deutscher Rückfallforschung (S. 96-111). Enke, Stuttgart.

Leuner H.C. (1985). Lehrbuch des Katathymen Bilderlebens. Bern.

Leutz G. (1974). Psychodrama. Theorie und Praxis. Band I.: Das klassische Psychodrama nach J.L. Moreno. Springer, Berlin.

Lindenmeyer J. (1994). Lieber schlau als blau. Informationen zur Entstehung und Behandlung von Alkohol- und Medikamenten-abhängigkeit. Beltz, Weinheim.

Lindenmeyer J. (1994). In der Realität ist alles anders...- Exposition in-vivo bei der Rückfallbehandlung von Alkohol- und Medikamenten-abhängigen. Vortrag auf dem 10.Kongreß für Klinische Psychologie und Psychotherapie, Berlin.

Mann K. & Buchkremer G. (Hrsg.). (1996). Sucht. Grundlagen, Diagnostik, Therapie. Gustav Fischer, Stuttgart.

Marlatt G.A. & Gordon J.R. (1985). Relapse Prevention. Maintenance strategies in the treatment of addictive behaviours . Guilford, New York.

Meichenbaum D. & Turk D.C. (1994). Therapiemotivation des Patienten. Hans Huber, Bern.

O'Connor J. & Seymour J. (1995). NLP: Gelungene Kommunikation und persönliche Entfaltung. VAK, Freiburg.

Petry J. (1989). Das sozial-kognitive Rückfallpräventions-Modell: Ein gruppentherapeutisches Basisprogramm. In: H. Watzl & R. Cohen (1989): Rückfall und Rückfallprophylaxe (S. 188-209)

Petry J. (1993). Behandlungsmotivation. Grundlagen und Anwend-ungen in der Suchttherapie. Beltz, Weinheim.

Pearls, F.S. (1980). Gestalt, Wachstum, Integration. Junfermann, Paderborn.

Rogers C.R. (1951). Client-centered psychotherapy. Houghton Mifflin, Boston.

Seligman M.E.P. (1975). Helplessness: On depression, development, and death. Freemann, San Francisco.

Schanz G. et al. (1995). Alkohol in der Arbeitswelt. Verlag C.H. Beck, München.

Schlüter-Dupont L. (1990). Alkoholismustherapie. Pathogenetische, psychodynamische, klinische und therapeutsiche Grundlagen. Schattauer, Stuttgart.

Schlippe A. v. & Schweitzer J. (1996). Lehrbuch der systemischen Therapie und Beratung. Vandenhoeck & Ruprecht, Göttingen.

Schmidt L. (1993). Alkoholkrankheit und Alkoholmißbrauch. Kohlhammer, Stuttgart.

Schneider R. (1998). Die Suchtfibel. Schneider Verlag, Hohengehren.

Schulz von Thun F. (1981). Miteinander Reden 1. Störungen und Klärungen. Rowohlt, Hamburg.

Schulz von Thun F. (1989). Miteinander reden 2. Stile, Werte und Persönlichkeitsentwicklung. Rowohlt, Hamburg.

Schwertl W. et al. (1998). Sucht in systemischer Perspektive. Vandenhoeck & Ruprecht, Göttingen.

Schwoon, D.R. & Krausz M. (Hrsg.). (1990). Die ungeliebten Kinder der Psychiatrie. Enke, Stuttgart.

Seifert T. & Waiblinger A. (Hrsg.). (1993). Die 50 wichtigsten Methoden der Psychotherapie, Körpertherapie, Selbsterfahrung und des geistigen Trainings. Kreuz-Verlag, Stuttgart.

Selye, H. (1956). Stress and desease. McGraw-Hill, New York.

Tausch R. (1994). Hilfen bei Streß und Belastung. Rowohlt, Hamburg.

Teegen F. (1987). Ganzheitliche Gesundheit. Rowohlt, Hamburg.

Teegen F. (1992). Die Bildersprache des Körpers. Rowohlt, Hamburg.

Tölle R. (1991). Psychiatrie. Springer, Berlin.

Vaitl D. & Petermann F. (1993). Handbuch der Entspannungsverfahren Band I und II. Beltz, Weinheim.

Velleman R. (1992). Counselling for alcohol problems. Sage Publications, New Delhi.

Veltrup C. & Wetterling T. (1997). Diagnostik und Therapie von Alkoholproblemen. Springer, Berlin.

Veltrup C. (1995). Das zweite Glas stehen lassen. Techniken zur Bewältigung von Abstinenzbeendigung. In: G. Lauer (Hrsg.). Rückfall - die psychosoziale Dimension. Lambertus-Verlag, Freiburg .

Veltrup C. (1995). Abstinenzgefährdung und Abstinenzbeendigung bei Alkoholabhängigen nach einer umfassenden stationären Entzugsbehandlung.

Veltrup C. et al. (1994). Stationäre Motivationstherapie (Entzug II) für alkoholabhängige Patienten. Zeitschriftenartikel für das Schleswig-Holsteinische Ärzteblatt.

Veltrup C. & Driessen M. (1993). Erweiterte Entzugsbehandlung für alkoholabhängige Patienten in einer psychiatrischen Klinik. Sucht 39 (S. 168-172).

Veltrup C. (1995). Eine empirische Analyse des Rückfallgeschehens bei entzugsbehandelten Alkoholabhängigen. Brennpunkte Deutscher Rückfallforschung (S. 25-37).

Veltrup C. & Wetterling T. (1996). Die psychometrische Erfassung des Craving bei entzugsbehandelten Alkoholabhängigen. In: K. Mann & G. Buchkremer (1996). Sucht. Grundlagen, Diagnostik, Therapie. (S. 195-202)

Warnigaratne S. et al. (1995). Relapse Prevention for Addictive Behaviours. A Manual for   Therapists. Blackwell Science, Oxford-London.

Watzl H. & Cohen R. (Hrsg.). (1989). Rückfall und Rückfallprophylaxe. Springer-Verlag,   Berlin.

Wetterling T., Veltrup C. & Junghanns K. (1995). Anti-Craving-Medikamente - Eine sinnvolle Hilfe bei der Rückfallprophylaxe von Alkoholikern? Artikel: Klinik für Psychiatrie, Medizinische Universität zu Lübeck (unveröffentlicht)

Wilcken S. & Rochow, M. (1996). Entwicklung, Durchführung und Evaluation eines Rückfallpräventions-Trainings (RPT) im Rahmen einer stationären Motivations-Therapie bei entzugsbehandelten Alkoholabhängigen. Diplomarbeit, unveröffentlicht.

Anhang

Tagebuch-Fragebogen

1. Gab es heute eine Risikosituation?   Datum: _____

Ja ❏   Nein ❏

Wenn ja, was genau habe ich erlebt?

2. Hatte ich heute Verlangen (Jieper) nach Alkohol?

Ja ❏   Nein ❏

Wenn ja, wie stark?

Geben Sie bitte Ihr Verlangen als Prozentwert auf dieser Skala an.

0 % >-- < 100 %

gar nicht   sehr stark

3. Habe ich heute an einen möglichen Abbruch der Therapie gedacht?

Ja ❏   Nein ❏

Wenn ja, was ist mir dabei durch den Kopf gegangen?

4. Wie zufrieden bin ich mit dem heutigen Tag?

Bitte kreuzen Sie an:

☹   ☺   ☺

gar nicht   einigermaßen   sehr

5. Was habe ich heute als positiv ✿ erlebt?

❏   Aktivitäten mit anderen Patienten
     Welche?
❏   Klärung von Schwierigkeiten
     Was genau?
❏   In der Therapie etwas wichtiges gelernt
     Was?
❏   Kontakte zu Angehörigen, Freunden, Arbeitskollegen
     Wie genau?
❏   Stationsklima
     Dazu gehört:
❏   Momente von Wohlbefinden und Entspannung
     Wobei?

ERFOLGREICHE☺ BEWÄLTIGUNG
von Risikosituationen

Ich wähle eine erfolgreich bewältigte Risikosituation aus meiner Erinnerung aus und beschreibe anhand folgender Fragen genau, wie ich sie gemeistert habe.

1. Wann und wo hat diese Risikosituation stattgefunden?

2. War ich in dieser Situation allein oder waren andere Personen anwesend?

3. Was genau habe ich in dieser Situation erlebt?
   (Ablauf: Was habe ich getan, gedacht und gefühlt?)

4. Wie habe ich mich entschlossen, abstinent zu bleiben?
   (Welche Fähigkeiten und Erfahrungen haben mir am meisten bei der Bewältigung geholfen?)

PRO & CONTRA -Argumente

Liebe Teilnehmer!
Bitte denken Sie in Ruhe nach und schreiben bis zum
nächsten RPT jeweils mindestens vier Pro- und vier Contra-
Argumente auf.

PRO = Was verbessert sich in meinen Leben, wenn ich
abstinent bleibe?

CONTRA = In welcher Form hat der Alkohol in der Vergangenheit meine Lebensqualität beeinträchtigt?

<u>Beispiele:</u>
PRO
1. Ich sichere meinen Arbeitsplatz.
2. Ich lebe gesund und genieße bewußt.

CONTRA
1. Ich habe mich vor anderen Leuten geschämt.
2. Ich empfand starke Schuldgefühle.

Beim nächsten RPT werden wir Ihre Argumente besprechen
und Check-Karten anfertigen.

PRO-Argumente

Was verbessert sich in meinem Leben, wenn ich abstinent bleibe?

1.

2.

3.

4.

weitere Argumente:

CONTRA-Argumente

In welcher Form hat der Alkohol in der Vergangenheit meine Lebensqualität beeinträchtigt?

1.

2.

3.

4.

weitere Argumente:

Vertrag: Persönliche Sicherheit

Informationen

Liebe Teilnehmer!
In einer Risikosituation oder bei einem Rückfall ist es wichtig,
daß Sie wissen, was Sie selber tun werden und von wem Sie Unter-
stützung erhalten möchten. Klare Absprachen und Maßnahmen helfen,
Krisen zu begrenzen.
Überlegen Sie bitte anhand folgender Fragen, welche Schritte Ihnen
Sicherheit geben können.

• **Was möchte ich tun?**

• **Wen werde ich anrufen/ansprechen?**

• **Wie können mich meine Vertrauenspersonen unterstützen?**

• **Welche weiteren Schritte halte ich im Krisenfall für wichtig**?

Schriftliche Verträge stärken Ihr Selbstbewußtsein und geben Ihnen
das gute Gefühl, daß Sie in brenzligen Situationen die Kontrolle
behalten.

Vertrag: Persönliche Sicherheit

vereinbart zwischen:

1.
Name _____

2. Vertrauensperson
Name _____
Adresse_____
Telefon_____

Folgende Absprachen und Maßnahmen gelten:
- _____
- _____
- _____
- _____
- _____
- _____

Datum: _____

Unterschriften: _____ _____

Schriftliche Verträge stärken Ihr Selbstbewußtsein und geben Ihnen das gute Gefühl, daß Sie in brenzligen Situationen die Kontrolle behalten.

Anzeigen

Willi Butollo / Rita Rosner / Achim Wentzel

Integrative Psychotherapie bei Angststörungen

1999. 251 Seiten, 3 Abb., 8 Tab., Kt
DM 49.80 / Fr. 44.80 / öS 364.–
(ISBN 3-456-83089-0)

Auf welchen Grundlagen beruht integrative Psychotherapie bei Angststörungen? Mit welchen Methoden wird gearbeitet? Wie wirksam sind diese? Aufbauend auf einem bio-psycho-sozialen Störungsmodell wird ein mehrphasiges Therapiekonzept der Angststörungen vorgestellt. Fallbeispiele illustrieren die verschiedenen Vorgehensweisen.

Constance Hammen

Depression

Erscheinungsformen und Behandlung

Aus dem Englischen übersetzt von Matthias Wengenroth. 1999. 250 Seiten, 6 Abb., 4 Tab., Kt
DM 49.80 / Fr. 44.80 / öS 364.–
(ISBN 3-456-83244-3)

Die Depression gilt als eine der psychiatrischen Störungen, in die sich auch Gesunde (z.B. Psychotherapeuten) relativ leicht einfühlen können. Es ist daher dringend notwendig, diese intuitive Bereitschaft zum Verstehen durch solide Kenntnisse über Wesen und Verlauf der Störung zu ergänzen. Der Autorin ist es gelungen, solches Wissen verständlich aufzubereiten. Ihr Buch gehört in die Hand aller, die depressiven Menschen wirklich helfen wollen.

Verlag Hans Huber http://Verlag.HansHuber.com
Bern Göttingen Toronto Seattle

William J. Worden

Beratung und Therapie in Trauerfällen

Ein Handbuch

2. Auflage 1999. Mit einem Nachwort zur Neuauflage von Prof. Dr. Meinrad Perrez.
198 Seiten, Kt DM 39.80 / Fr. 35.90 / öS 291.–
(ISBN 3-456-83091-2)

Der Autor gibt eine Einführung in die Diagnose und Therapie übertriebener, chronischer, maskierter und verspäteter Trauer. Das bewährte Buch enthält zahlreiche Fallbeispiele.

Giorgio Nardone

Systemische Kurztherapie bei Zwängen und Phobien

Einführung in die Kunst der Lösung komplizierter Probleme mit einfachen Mitteln

1997. 278 Seiten, 4 Abb., 2 Tab., Kt
DM 49.80 / Fr. 44.80 / öS 364.– (ISBN 3-456-82864-0)

«Ich empfehle dieses Buch jedem, der etwas über die Entwicklung therapeutischer Ansätze auf der Grundlage systemischer und konstruktivistischer Theorien erfahren möchte. Darüber hinaus glaube ich, dass seine Lektüre aufgrund seiner klaren und verständlicher Sprache auch Laien empfohlen werden kann.»
Aus dem Vorwort von Paul Watzlawick

http://Verlag.HansHuber.com

 Verlag Hans Huber
Bern Göttingen Toronto Seattle

Ralph Hannes

Wenn Trinken zum Problem wird

Alkoholprobleme lösen

1996. 170 Seiten, Kt DM 24.80 / Fr. 22.30 / öS 181.–
(ISBN 3-456-82803-9)

Die gegenwärtigen Behandlungsmethoden bei
Alkoholproblemen basieren oft auf Theorien und
Ansichten, die sich als weitgehend wirkungslos
erwiesen haben.
In Fallbeispielen und Übungen, die in leicht lernbare
Schritte aufgeteilt sind, kann der Leser/die Leserin
sich aktiv seine/ihre persönliche Lösung
«maßschneidern».

Daniel Wilk

Autogenes Training

Ruhe und Gelassenheit lernen

2., völlig überarbeitete und ergänzte Auflage 1999.
162 Seiten, 3 Abb., Kt DM 24.80 / Fr. 22.30 / öS 181.–
(ISBN 3-456-83236-2)

Dieses Buch bietet eine «besonders verständlich und
einfühlsam geschriebene Einführung in das Autogene
Training» (Stiftung Warentest 12/96). An Beispielen
aus der Praxis wird gezeigt, wie häufig auftretende
Schwierigkeiten in der Lern- und Anwendungsphase
vermieden oder bewältigt werden können.

Verlag Hans Huber
Bern Göttingen Toronto Seattle

http://Verlag.HansHuber.com